シードブック

障害児保育

第3版

本郷一夫　編著

有川宏幸・飯島典子・石川由美子・岡村由紀子・金谷京子・澤江幸則
杉山弘子・柄田　毅・常田秀子・寺見陽子・森　正樹　共著

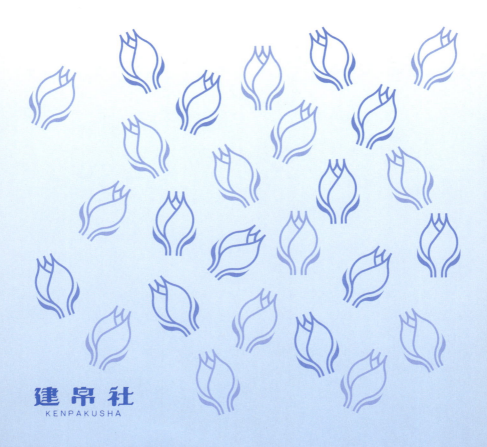

建帛社
KENPAKUSHA

はしがき

　保育の場には，様々な子どもたちが生活している。子どもたちの中には何らかの障害がある子どももいる。一般に，そのような子どもの理解と保育のあり方を探るのが「障害児保育」の目的とされる。そして，これまでにも「障害児保育」と名づけられた本は数多く出版されている。そのような現状の中で，ここであらためて「障害児保育」を出版するに当たって，以下の点を大切にしたいと考えた。

　第一に，障害児保育の対象についてである。保育の場には，障害のある子どもだけではなく，障害のない子どもも多く存在している。また，最近では「気になる」子どもの保育についても大きな関心が寄せられている。そこで，本書では，障害のある子どものための保育にとどまらず，障害のない子ども，「気になる」子どもも含め，保育の場にいる子どもたちが共に育つ保育を前提とした上で，障害児の保育について考えるという視点に立つことが大切だと考えた。

　第二に，障害児保育の目的についてである。障害児保育には，様々な側面がある。その中でも，本書では子どもの発達を目指した障害児保育を中心に据えている。それは，単に集団場面への適応ということではなく，子どもの発達を促進するための保育のあり方を探るということである。その際の発達を「できなかったことができるようになる」「より早くできるようになる」「よりうまくできるようになる」というだけではなく，子どもの現在と将来の生活をどのように豊かにするのかといった観点から捉えることが大切だと考えた。

　第三に，障害児保育の位置づけについてである。保育の場においては，直接的かかわりの多さという点では，担当の保育士と障害のある子どもとの関係が中心になるかもしれない。しかし，障害のある子どもは，担当の保育士だけではなく，他の保育士，他の子どもたち，父親，母親，地域の人たちとの関係の

中で育つ。その点で，閉じた人間関係の中での子どもの成長・発達ではなく，社会に開かれ，社会システムの中に位置づけられた障害児保育という観点が必要だと考えた。

具体的構成としては，「第Ⅰ部　障害児保育の基礎」では，障害児保育の目的，障害児保育のしくみ，障害のある子どもの特徴などについて述べられている。「第Ⅱ部　障害児保育の実際―共に育つ保育の進め方―」では，各領域における子どもの発達の道すじを示した上で，障害のある子どもの発達を促す保育のあり方，障害のない子どもも共に育つ保育の工夫などについて展開されている。「第Ⅲ部　連携と協力による支援」では，保育者間の連携，関連機関との連携，保護者との連携，小学校との連携を通した障害児保育のあり方を探っている。

このような趣旨で編集された本書を利用して，障害のある子どもと障害のない子どもが共に社会の中で発達していくための保育のあり方，保育の具体的進め方についての理解が深まることを期待している。また，子どもの理解に基づいた保育が充実することにより，子どもたちの豊かな発達が創り出されるようになればと願う。

2013年にDSM-5（精神疾患の診断・統計マニュアル第5版）がアメリカで公表され，その日本語訳が今般確定したことを受けて，主に「第3章　保育の場で出会う障害とその特徴」を全面改訂した。その他関連用語，統計，法令等についても全編にわたり見直し「第3版」とする。

最後に，本書の企画，編集に際し，建帛社の根津龍平氏には大変お世話になった。本書の構成段階から温かく見守り，迅速で適切な対応をしていただき，ここに心から感謝の意を表したい。

2014年12月

編者　本郷　一夫

も　く　じ

第Ⅰ部　障害児保育の基礎

第1章　障害児保育の目指すもの　…………………………………… *1*
　1．障害児保育とは ……………………………………………………… *1*
　　（1）障害児保育と統合保育　*1*　（2）インクルージョン　*1*
　　（3）障害児保育の目的　*2*
　2．障害とは ……………………………………………………………… *3*
　　（1）障害の捉え方の変化　*3*
　　（2）国際生活機能分類（ICF）による障害の捉え方　*3*
　3．発達とは ……………………………………………………………… *5*
　　（1）豊かな生活をつくりだすための発達　*5*
　　（2）診断名に頼りすぎない子どもの理解　*6*
　　（3）子どもの発達を見通した保育　*6*
　4．環境を通した保育 …………………………………………………… *7*
　　（1）集団の中での社会性の発達　*7*
　　（2）子どもを取り巻く物的環境　*8*
　　（3）子どもを取り巻く人的環境　*9*
　5．社会の中に位置づけられた子ども，保護者，保育者 ………… *10*
　　（1）健常児の発達――一緒にいることの日常性――　*10*
　　（2）長期的視点での「思いやり」「やさしさ」の形成　*11*
　　（3）保護者支援と協力関係の形成　*11*
　　（4）信頼関係の形成とコーディネーター的役割　*12*

第2章　障害児保育のしくみ ………………………………………… *14*
　1．障害児保育の基本原則 ……………………………………………… *14*
　2．障害児保育の現状 …………………………………………………… *16*
　　（1）障害児に対する療育　*16*

（2）保育所・幼稚園などにおける障害児保育　*16*
　　（3）保育場面にいる発達障害児の人数の推計　*18*
　3．障害児保育に関する制度の経過 ································· *18*
　　（1）第二次世界大戦以前について　*19*
　　（2）第二次世界大戦後の制度について　*19*
　　（3）教育・福祉制度による支援の実現　*20*
　4．障害児保育に関連する法制度 ··································· *20*
　　（1）発達障害者支援法　*20*　（2）特別支援教育制度　*21*
　　（3）障害者の権利に関する条約　*22*
　　（4）障害児保育に関する保育の留意事項　*22*

第3章　保育の場で出会う障害とその特徴 ························· *25*
　1．知的能力障害（知的発達症／知的発達障害）················· *25*
　　（1）知的能力障害とは　*25*
　　（2）知能検査・発達検査　*27*
　2．自閉スペクトラム症／自閉症スペクトラム障害 ················· *27*
　　（1）自閉スペクトラム症／自閉症スペクトラム障害とは　*27*
　　（2）保育の中の自閉スペクトラム症／自閉症スペクトラム障害　*31*
　3．注意欠如・多動症／注意欠如・多動性障害 ····················· *32*
　　（1）注意欠如・多動症／注意欠如・多動性障害とは　*32*
　　（2）注意欠如・多動症／注意欠如・多動性障害と知的能力障害　*35*
　4．先天的障害などの特徴について ································· *36*

第Ⅱ部　障害児保育の実際—共に育つ保育の進め方—

第4章　知的発達と言葉を促す保育 ······························· *37*
　1．乳幼児の知的発達と言葉の育ち ································· *37*
　　（1）知的発達と言葉の発達の関係　*37*　（2）言葉の発達の道すじ　*38*
　　（3）知的発達と言葉の発達を捉える方法　*43*
　2．保育目標の立て方 ··· *46*
　　（1）どのように言葉かけを行うべきか　*47*
　　（2）伝えたい気持ちと伝えたい内容を育てる　*47*
　　（3）遊びを通して言葉を育てる　*48*　（4）目標設定の原則　*50*

 3．保育の実際……………………………………………………………50
  （1）3歳児クラスで知的発達の遅れがある子どもの言葉の土台を育てる　50
  （2）4歳児クラスで自閉スペクトラム症児のコミュニケーションを育てる　52
  （3）5歳児クラスで行事を生かして，気になる子の一対多のコミュニケーションを育てる　54

第5章　行動・情動を調整する力をつける保育……………………56
 1．行動調整・情動調整とは…………………………………………56
  （1）行動調整・情動調整の定義　56
  （2）自分の力で行動や情動を調整すること　57
 2．発達検査から捉える行動・情動調整の発達……………………58
 3．行動調整・情動調整の背景………………………………………59
  （1）知的な遅れ　59　（2）注目要求　60
  （3）物や事態の要求　60　（4）自己防衛　61
 4．行動調整・情動調整の発達を促す保育の構成…………………61
  （1）朝のお集まり場面　62　（2）ルール遊び場面　62
  （3）保育環境の構成　63
 5．事例を通してみる保育の実際……………………………………64
  （1）多動，衝動性が高いADHDの例　64
  （2）一番にならないと気がすまない「気になる」子どもの例　66
  （3）知的な遅れが原因で多動になる子の例　68
  （4）情動・行動表出が乏しい自閉スペクトラム症の例　70
 6．集団の中での自己の発達…………………………………………71

第6章　子どもの運動能力を育てる保育………………………………73
 1．運動発達と障害児保育……………………………………………73
 2．運動発達の一般的特徴……………………………………………75
  （1）運動発達の道すじ　75　（2）様々な動き　75
 3．子どもの運動発達を捉える方法…………………………………78
  （1）運動側面に焦点をあてた検査の概要　78
  （2）運動能力パフォーマンスを知るためのアセスメント　78
  （3）動きの発現状況を知るためのアセスメント　79
  （4）その他のアセスメント　80

4．障害のある子どもの運動側面の現状と課題……………………… 80
　　（1）運動経験　80　（2）活動参加　81　（3）対人交流　82
　5．保育目標の立て方………………………………………………… 83
　　（1）一人ひとりの状況に応じた運動環境づくり　83
　　（2）自信がもてる保育　85　（3）運動好きを育てる保育　86

第7章　子どもの仲間関係とクラス集団を育てる保育……………… 89
　1．子どもの仲間関係の発達………………………………………… 89
　2．障害のある子どもの仲間関係…………………………………… 91
　　（1）障害のある子どもへの働きかけ　91
　　（2）周りの子どもへの働きかけ　92　（3）クラス集団への働きかけ　93
　3．仲間関係を築く保育の実際……………………………………… 93
　　（1）障害のある子どもへの働きかけ　93
　　（2）周りの子どもへの働きかけ　98　（3）クラス集団への働きかけ　100

第8章　子どもの遊びを育てる保育…………………………………… 106
　1．遊びの捉え方……………………………………………………… 106
　　（1）遊びとは何か　106　（2）遊びの発達的意義　107
　　（3）権利条約の視点から　107
　2．子どもの遊びから子どもの発達と興味・関心を捉える……… 108
　　（1）保育場面における遊びとは　108　（2）年齢別にみる遊び　111
　3．遊びを通して子どもの発達と興味・関心を捉える…………… 115
　　（1）保育の視点　115　（2）遊び場面の子どもの姿　116
　　（3）遊びの指導　116
　4．障害児保育の実際………………………………………………… 118
　　（1）遊びに共感する　118　（2）遊びが続かない　119
　　（3）ルールがわからない　120

第Ⅲ部　連携と協力による支援

第9章　保育の場におけるカンファレンスの進め方………………… 123
　1．保育カンファレンスとは何か…………………………………… 123
　　（1）保育現場でカンファレンスを行う意義　123
　　（2）目的意識をもってカンファレンスに臨もう　123

2．カンファレンスを生産的に進めるために･･････････････････････････････ *125*
　　（1）話し合いに入る前にやっておきたいこと　*125*
　　（2）検討の観点と考える枠組みをもつ　*126*
　　（3）「仮説→実行→検証」のサイクルをカンファレンスに位置づける　*127*
　3．相互理解と協働体制につながるカンファレンスとは･･････････････････ *129*
　　（1）主体性を大切にする，責任を自覚する　*130*
　　（2）すべての参加者が役割を担っていく　*130*
　　（3）閉塞的・非生産的な議論に陥らないために　*131*
　　（4）安心して発言できる話し合いのムードをつくる　*132*
　　（5）働く仲間を再発見し，いつものコミュニケーションを見つめ直す　*132*
　　（6）生涯発達の連続性と地域社会の支援ネットワークを考える　*134*
　4．外部の専門家の支援をカンファレンスに活かそう････････････････････ *134*
　　（1）地域の制度とシステムを知り，その積極的な活用を図る　*134*
　　（2）依存的関係に陥らず，実践者としての主体性をもつ　*136*
　　（3）お互いの専門性を尊重し，対等なパートナーシップを築く　*136*
　　（4）自分たちの保育実践を伝え，語り合う　*137*

第10章　関連機関との連携・協力のあり方 ･････････････････････････････ *138*
　1．地域・社会との連携・協力を考えるにあたって ････････････････････ *138*
　　（1）なぜ連携・協力を考えなければならないのか　*138*
　　（2）連携・協力を考えるにあたっての発達論的視点（ブロンフェンブレンナー
　　　　の生態学的環境）　*139*
　2．関連機関との連携・協力 ･･ *140*
　　（1）障害児通所支援の概要　*141*
　　（2）医療・保健機関との連携・協力　*142*　（3）連携の実際　*144*
　3．連携・協力の新しい動き─巡回相談型健康診査の取り組み････････････ *147*
　　（1）5歳児巡回相談型健康診査の取り組みにいたる背景　*147*
　　（2）取り組みの実際　*148*
　4．障害児保育を担う保育者としての連携・協力の捉え方と保育者自身の発達 ･･･ *149*
　　（1）効果的な連携・協力をするために保育者としてもつべき視点　*150*
　　（2）連携・協力を通して発達する保育者　*151*

第11章　保護者対応と保護者支援 ……………………………… *152*
1．保護者対応と保護者支援 ……………………………………… *152*
2．保護者の状態・状況に応じた保護者支援 …………………… *153*
（1）親の子育て不安と子育て支援の必要性　*153*
（2）子どもを産み育てること―その喜びとしんどさ　*153*
（3）保護者の背景と育児ストレス　*155*
（4）育児ストレスの要因　*156*
（5）親になるプロセスへの支援―「子育ては共育ち」　*159*
3．子どもの状態に合わせた保護者支援 ………………………… *160*
（1）育ちに気がかりさのある子どもと保護者の支援　*160*
（2）障害のある子どもと保護者の心理と支援　*161*
（3）保護者へのかかわりとその基本　*162*
4．保護者との協力関係の構築 …………………………………… *163*
（1）信頼関係とパートナーシップ　*163*
（2）親育ちの支援とサポート・ネットワークづくり　*163*
（3）「みんなで育てる」意識の共有　*164*

第12章　小学校との接続と連携 ………………………………… *168*
1．小学校における特別支援教育の現状 ………………………… *168*
（1）特別支援教育とは　*168*　（2）特別支援教育の理念　*169*
（3）特別支援教育を行うための体制の整備および必要な取り組み　*170*
（4）2007（平成19）年度の特別支援教育体制推進事業　*171*
（5）特別支援教育体制推進状況　*171*
（6）小学校における特別支援教育の今後の課題　*173*
2．幼稚園・保育所等と小学校との連携のあり方 ……………… *174*
（1）発達障害早期総合支援モデル事業　*174*
（2）移行支援の難しさ　*175*　（3）幼保小連携に何が必要か　*176*
3．小学校との連携の実際―実践例から ………………………… *177*
4．長期的発達支援と仲間づくりを目指して …………………… *178*

さくいん ……………………………………………………………… *180*

第Ⅰ部　障害児保育の基礎

第1章
障害児保育の目指すもの

1．障害児保育とは

(1) 障害児保育と統合保育

　近年，障害，あるいは障害児・者をめぐる考え方は大きく変化してきている。また，それに伴い発達障害者支援法（2005），障害者自立支援法（2006），児童福祉法等の改正（2012）など，障害児・者に関係する法律や制度も変わりつつある。このような流れの中で，改めて「障害」とは何か，「障害児保育」は何を目指す保育なのかについて考えてみることは有益であろう。

　一般に，障害児保育とは「障害のある乳幼児を対象とする保育」であると定義される。そして障害児保育が実施されている場としては，特別支援学校の幼稚部，児童発達支援センター（従来の知的障害児通園施設，肢体不自由児通園施設，難聴幼児通園施設），保育所・幼稚園・認定こども園などがあげられる。このうち，保育所・幼稚園・認定こども園などで実施されている障害児保育の多くは健常児の保育の場に障害児を入れて保育をするということから，**統合保育**と呼ばれることもある[1]。

(2) インクルージョン

　統合保育の「統合」という用語は，英語のインテグレーション（integration）に対応し，障害児を障害児専門の機関で保育・教育する「分離」（separation）と対比して使われてきた。しかし，インテグレーションという用語の背景には，

健常児・者の集団に障害児・者を適応させるというニュアンスが含まれているなどの指摘もあり，最近では，それに代わって**インクルージョン**（inclusion）という考えが広がってきている。これは「共生」「包摂」などと訳されることもあるが，「インクルージョン」（包み込むといった意味）のまま使われることが多い。すなわち，障害児・者が可能な限り，社会の中で健常児・者と共に生活すべきだという考えに基づき，個々の子どもの違いを認め，障害のある子どもも障害のない子どもも，すべて保育や教育の場に包み込んでいこうという考えである。

（3）障害児保育の目的

　障害児保育，とりわけ統合保育の目的はどのようなものであろうか。保育所保育指針と幼稚園教育要領の記載該当部分から，障害児保育の目的，方法について抜き出してみると，次の4点にまとめることができる。

① 集団生活を通して，障害のある子どもの発達を促すこと
② 障害の種類や程度に応じて適切に配慮すること
③ 家庭や専門機関との連携を図ること
④ 障害のある子どもとの交流によって，健常児の発達が促進されること

　ここでポイントとなるのは，そもそも「障害」とは何か，「発達」するとはどのようなことかということであろう。障害をめぐる概念はここ20年から30年の間に大きく変化してきており，それに伴って子どもの発達を支援することの意味も改めて問い直されてきている。また，「連携」とは何をすることか，障害のある子どもだけでなく「健常児」の何が発達するのか，その際「集団」とは子どもの発達にとってどのような意味をもつのであろうかといった点も重要な点であろう。

　本章の以下の部分では，これらの問題について整理しながら，改めて障害児保育の目的や方法について考えてみよう。

2．障害とは

（1）障害の捉え方の変化

　障害児保育が対象とする障害児とはどのような子どものことを言うのであろうか。そして，そもそも障害というのはどのように捉えられるのであろうか。最近では，「障害」と表記せずに，「障碍」という漢字を使ったり，「障がい」というようにひらがなで表記しようとする人や自治体もある。これらは単なる表記上の問題ではなく，その背景にある障害の捉え方に依存していると考えられる。

　1980年に**世界保健機関（WHO）**が試案として発行した国際障害分類（ICIDH）では，障害は機能障害（impairment），能力障害（disability），社会的不利（handicap）という枠組みによって捉えられていた。すなわち，個人が何らかの機能や構造に障害があると，日常生活において能力が十分に発揮できず，社会参加にも不利益を生じるといったいわば直線的な考え方であった。

　そのような捉え方に代わって，2001年に出された国際生活機能分類（ICF：International Classification of Functioning, Disability and Health）では，新たに三つの観点から障害が捉えられるようになった[2]。すなわち，**機能障害（構造障害も含む）（impairment）**，**活動制限（activity limitations）**，**参加制約（participation restrictions）**である。用語としては類似している部分もあるが，環境因子を重視した点など従来と大きく異なる点がある。

（2）国際生活機能分類（ICF）による障害の捉え方

　図1−1には生活機能と障害の捉え方が示されている。図を見ながら，障害がどのように捉えられるかをみてみよう。

　第一に，人の生活機能の中には，「心身機能・身体構造」「活動」「参加」の三つの水準があることが示されている。そして，その生活機能の中に生じた困難さや制限が**障害（disability）**ということになる。したがって，障害は「機

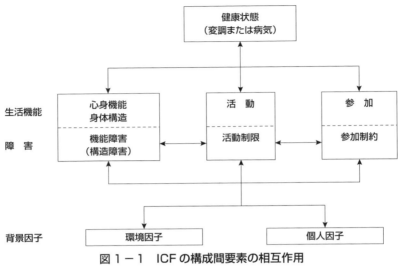

図1-1 ICFの構成間要素の相互作用
(世界保健機関(2002)から構成)

能障害（構造障害も含む）」だけではなく，「活動制限」「参加制約」などこれらすべてを含み込む概念であるとされる。

　第二に，「機能障害（構造障害も含む）」「活動制限」「参加制約」が各々双方向の矢印で結ばれているように，これらは相互に影響を与えていると考えられる。例えば，足が不自由なことによって移動が制限されるというように，機能障害が個人の活動を制限するということがある。逆に，手足を使わないことが筋萎縮の原因となるといったように活動制限や参加制約が心身の機能に影響を及ぼすこともある。

　第三に，ICFの大きな特徴は，環境因子を重視した点である。足が不自由であっても車いすの利用ができる状態であれば，活動の制限や社会への参加の制約の程度は少ないであろう。また，人を取り巻く環境がバリアフリーなのか否かによっても個人の生活のしやすさは異なってくるであろう。このように，個人を取り巻く環境は，個人の生活や障害に大きな影響を与えると考えられる。

　以上見てきたように，従来は，いわゆる「医学モデル」によって障害が捉え

られていた。すなわち,障害は個人の問題であり,病気・外傷やその他の健康状態から直接生じるものであるとみなされていた。一方,「**社会モデル**」では障害は主として社会によってつくられた問題とみなされていた。そして,現在では,障害は「医学モデル」と「社会モデル」を統合した観点から捉えられているのである。

3. 発達とは

(1) 豊かな生活をつくりだすための発達

先に述べたように,障害児保育の目的の一つは,集団生活を通して,障害のある子どもの発達を促すことである。それでは,子どもの発達を促す保育とは,どのような保育であろうか。

一般に,**発達（development）**とは,人が生まれてから死ぬまでの変化のプロセスを指す。したがって,本来,何かができるようになるだけではなく,老化や退化などといったように何かができなくなるような変化も含んだ広い概念である。また,年齢による変化だけではなく,発達には**獲得**と**喪失**という二つの側面が常につきまとう。例えば,言語発達については,子どもがその国の言葉を話せるようになる（獲得）とそれまで発音できていた他の国の言葉に含まれる音声を発することができなくなる（喪失）ということが知られている。その点で,人間は獲得と喪失の二側面を繰り返しながら,発達していく存在であると言える[3]。

しかし,一般には,何かができるようになること,今までできていたことがより早くできるようになること,より正確にできるようになることが発達だと捉えられがちである。これも発達の重要な側面ではあるが,それだけではない。

むしろ,発達によって,どれだけ豊かな生活が送れるようになるかといった視点こそが重要なのである。逆に言えば,豊かな生活をつくりだすための発達が保育の中で目指されなければならない。その点からすれば,発達検査の結果に基づいて,生活年齢相当で現在できない項目をできるようにする保育が発達

を促す保育ではない。また，できる行動の数が増えただけで，それが現在の生活を広げることにつながらないとしたら，それは障害児保育の中で目指される発達ではないだろう。

（2）診断名に頼りすぎない子どもの理解

　障害児の発達の道すじは，いわゆる健常児の発達の道すじと大きく異なるわけではない。ただ，子どもによっては，発達がゆっくりしていたり，発達の順序が少し異なっていたり，領域間で発達の進み方が違っていたりする場合などがある。したがって，子どもの保育をするのに当たっては，各々の子どもの発達状態を十分理解する必要がある。

　その際に気をつけなければならないことは，子どもの発達を理解することと診断名を知ることは同じではない，ということである。例えば，「自閉スペクトラム症」という診断名がつけられていたとしても，それぞれの子どもの特徴には大きな違いがある。その点で，診断名を知っただけでその子を理解した気になったり，子どもの行動をすべて「自閉スペクトラム症だから」「ADHDだから」といった枠組みで理解するのは適切ではない。

　また，幼児期では，診断名がつかない子どもや専門機関によって異なる診断名をつけられている場合がある。実際，一人の5歳の男児が，ある機関では「自閉スペクトラム症」，別のところでは「ADHD」，さらに別の医療機関では「性格の範囲なので心配ない」と診断されているケースに出会ったことがある。異なる診断名であっても，そこに分類される行動特徴には重なりがあるため，専門機関でさえ確定診断が難しいということもある。したがって，診断名だけにとらわれずに子どもの発達の特徴をしっかりと理解することが重要となる。

（3）子どもの発達を見通した保育

　発達の遅れがある場合，専門機関で「6か月程度の遅れです」などと言われることがある。しかし，これは必ずしも6か月経てば，標準的，平均的発達に追いつくということを意味するわけではない。また，今後6か月間の遅れをずっ

と保持したまま発達するということを示すものでもない。子どもによっては，急速に伸びる場合や，逆に着実に発達しつつも次第に標準的な発達からの遅れが大きくなる場合がある。

　また，先に述べたように，発達の順序が異なっていたり，領域間で発達の進み方が異なっている場合がある。このような状態を「発達のアンバランス」「発達の歪み」などと呼ぶ場合もあるが，「アンバランス」「歪み」と呼ぶのが適切か否かという点については判断が難しい場合がある。いわゆる障害をもたない子どもの発達にしても発達検査表に示されている順番に標準年齢通りに発達をしていく子どもはそれほど多くないと言われる。発達検査表はあくまでもそれぞれの子どもの特徴を平均化して示したものに過ぎない。したがって，現時点での発達の順序の違いや領域間の発達のズレが，将来の子どもの成長や生活とどのように関連しているのかといった点を見据えて判断する必要がある。

　このように個々の子どもの発達はバラエティに富むものであり，とても子どもの将来の姿をすべて予測して保育を行うことは不可能であろう。しかし，将来どのような子どもに育って欲しいか，そのためには今，何が大切かといった点から保育目標を立て，保育を行うことは不可能ではない。先に，「発達によって，どれだけ豊かな生活が送れるようになるかといった視点こそが重要なのである」と述べたが，これは現在の生活だけではなく，将来の子どもの生活を見通した視点でもある。

4．環境を通した保育

(1) 集団の中での社会性の発達

　子どもの生活は，保育所，幼稚園などで終わるわけではない。小学校，中学校へと進んでいく中で身につけていけばよいこともある。例えば，「落ち着きのなさ」はなかなか保育所，幼稚園時代には改善されないことも多い。しかし，適切な環境と適切な対応がなされる中で生活していくと小学校の中学年くらいまでには多くの子どもが落ち着くようになってくる[4]。したがって，子どもに

よっては，幼児期にはすっかり「落ち着くこと」を目指すよりも，「落ち着きがない」ながらも他児とのかかわりをもち，楽しく生活できるような関係を築けるような保育が重要になる。これはいわゆる社会性の発達にかかわる部分である。社会性の発達は，単にクラス集団の規範に合わせて行動する，集団に適応するという側面だけではない。その集団の中で自分が快適に過ごせること，そして他者も快適に過ごせるような行動様式を身につけることとも関連している。障害のある子どもでも社会的に認められない行動を身につけてしまうと，将来社会の中で一緒に生活していくことが難しくなってしまうことがある。その点では，障害児にとって社会性の発達は重要な課題となる。

この点について，高橋は，高機能自閉症児（認知の発達に明らかな遅れがない自閉スペクトラム症）の思春期の課題について述べる中で，「障害があろうとなかろうと，社会的に許されない行動はしてはならないと筆者は考えます。自閉症児にも，いえ，自閉症児だからこそ，望ましくない行動は身につけないように幼児期に慎重に教える必要があります」と述べている[5]。また，幼児期には，行動コントロール＝自律の力と，コミュニケーション能力を育てておくことが重要であると述べている。

(2) 子どもを取り巻く物的環境

ICFにも示されるように，障害は子ども自身の特徴によってのみ決まるものではなく，子どもを取り巻く物や人との関係の中で捉えられるべきものである。そのような点からすると子どもを取り巻く環境は，子どもの障害を理解するだけでなく，子どもの発達を促進するためにも重要となる。

子どもを取り巻く物的環境は障害のある子どもや障害のない子どもにとってどのような意味をもった空間なのかについて考えてみたことはあるだろうか。時には，子どもの座る位置に腰をおろし，子どもの目の高さから保育室を眺めてみると，いつもとは違った空間が見えてくるだろう。大人にとっては，ちょうど良い高さの時計でも子どもの座った位置からは高すぎることに気づくかもしれない。また，保育室は，障害のある子どもにとって過剰な刺激となるよう

な掲示物であふれていないか，あるいは逆に子どもの興味や関心を高める物がない無機質な空間になっていないかなどについて点検してみることも重要であろう。子どもがその中で一日に何時間も過ごす保育環境は，子どもへの直接的な働きかけと同時に子どもの発達を促す重要な要因なのである。

　さらに，保育室の空間は子どもにとっての空間であると同時に保育者や保護者にとっての空間でもある。保育室に飾られた子どもの作品は，保護者にとってどのような意味をもつか考えてみたことはあるだろうか。子どもの作品が一様に保護者の感動を呼び起こすとは限らない。ある障害児の保護者は，子どもの作品が掲示されるたびに嫌な気持ちになるという。どうしても他の子どもの作品と比較して見てしまい，子どもの発達の遅れをあらためて見せつけられているように感じるからだと言う。また，他の保護者が自分の子どもの作品を見てどのように感じるかも不安になると言う。多くの保護者にとっては，子どもの成長を確認できるはずの作品がかえって保護者を傷つけてしまうということもある。保育の環境を充実するに当たっては，保育者はこのような認識をしておく必要があるだろう[6]。

（3）子どもを取り巻く人的環境

　障害のある子どもが保育所や幼稚園などに入ると，障害の程度，障害のある子どもの人数などに応じて，保育者が加配される。どのような基準で保育者が加配されるのかは，市町村によって異なるが，一般に，担任以外にもう一人，あるいは二人の保育者が加配されることは，子どもの保育を進める上で望ましいことであろう。

　しかし，ただ保育者の人数が多ければ良いというものでもない。時には，障害児の担当となった保育者が子どもにつき過ぎているために，障害児が他児とかかわる機会が制限されたり，集団に参加する機会が奪われたりすることもある。「子どもに寄り添う保育」は，決して子どもの後をついて回る保育ではないだろう。また，担当保育者が障害のある子どもの方だけを見ながら保育をしていると，他の子どもたちから「～ちゃんの先生」と呼ばれるようになる。そ

のような場合，障害児とその担当保育者がペアでクラスから孤立してしまうこ
とにもなりかねない。

　一般に，障害のある子どもは，担当の保育者との関係を形成し，その関係を
基盤として仲間との関係をつくり上げていく。しかし，仲間関係の形成は一方
向ではない。最初に，子ども同士の関係が形成され，それが障害児と担当保育
者との関係に広がるということもある。その点で，保育者は障害のある子ども
にとって直接かかわる人的環境であるとともに，子ども同士の関係を形成した
り，媒介する間接的，媒介的な環境でもある。その点で，保育者は子どもとど
のようにかかわるのか，時にはどのようにかかわらないで見守るのかも含めて，
保育を進めていくことが大切になってくる。

5．社会の中に位置づけられた子ども，保護者，保育者

(1) 健常児の発達―一緒にいることの日常性―

　障害児との交流を通して，いわゆる健常児の中に何が育つのであろうか。す
ぐに思いつくのが「思いやり」や「やさしさ」であろう。各々の子どもが成長
の過程で「思いやり」「やさしさ」を身につけていって欲しいという願いは，
多くの保護者や保育者が抱く。しかし，一方で，幼児期に見られる表面的な援
助行動を取り上げて，「思いやり」や「やさしさ」が育ったと捉えるのは不十
分であろう。それではどのような視点で健常児の発達を捉え，保育を進めていっ
たらよいのであろうか。

　第一に，互いの違いに気づきながらも，その違いを受け入れ，一緒の場に生
活することが普通だと感じられる感性を身につけることであろう。子どもは
様々な知識や技能を獲得していく。しかし，知識などの獲得の初期には，往々
にして，見かけ上の違いに引っ張られて，ステレオタイプ的な反応をしがちで
ある。例えば，「性別」などの概念が獲得され始めた初期には，「女の子はスカー
トをはかないといけない」とか，「ズボンをはくと男の子になってしまう」と
主張する子どももいる。しかし，ズボンをはこうがスカートをはこうが女の子

は女の子であることが次第にわかるようになると，服装はどうでもよくなる。子どもは違いには敏感に反応する。これは発達していくためには大切なことである。しかし，違いにとらわれ過ぎてしまってはいけない。すなわち，違いに気づきながらも違いにとらわれることなく，様々な個性をもった子どもたちが周りにいるのが普通の生活だと感じられることがまず健常児の育ちの第一歩として重要であろう。

（2）長期的視点での「思いやり」「やさしさ」の形成

　第二に，保育の中でみかけの「思いやり」行動を定着し過ぎないようにすることも重要である。保育所・幼稚園などでは，障害のある子どもの世話をよく焼く子どもに出会うことがある。そのやさしい気持ちは認めながらも，時としては，その行動を別の方向に向けてあげる必要がある。それは，一つには障害児に対する過剰なお世話が障害児の自立（自律）にとって妨害的に働くことがあるためである。また，障害児の後をついて回ってお世話を焼くことによって，健常児自身にとっても自分の遊びを発展させる機会が制限されてしまうこともある。

　ある研究によると，実験場面で困った人を見たときに「助ける」と答えた幼児ほど実際場面では「助けていない」という結果が示されている。その点で，表面的な行動だけにとらわれず，保育者は，健常児も障害児もそれぞれの子どもが充実した自分の生活を送れる環境をつくりだし，幼児期だけでなく，児童期，青年期と成長する中でしっかりとした「思いやり」や「やさしさ」を形成できるような基盤を整備する必要があるだろう。

（3）保護者支援と協力関係の形成

　一般に，保護者とのかかわり方には四つの水準がある。すなわち，「福祉的かかわり」「保護者対応」「保護者支援」「保護者との協力関係の形成」である。これらは互いに関連し合っているが，その重点はやや違っている。例えば，保育所・幼稚園の方針を理解してもらうことは，保護者対応ではあっても保護者

支援ではないだろう。また，保護者は一方的に支援される対象として存在するわけではなく，子どもの成長・発達をともに考え，促していく協力者でもある。

　このような保護者との関係の形成は，時としては，子どもの保育以上に難しい側面をもつ。最近では，保護者自身が精神的な問題を抱えている場合も少なくない。そのような保護者に対してどのように対応していけば良いかは多くの園で苦慮しているところであろう。しかし，保育所・幼稚園などでの主役は子どもたちである。その点で，保護者との協力関係をつくり上げて，共に子どもの成長を促していくという姿勢が重要となる。

(4) 信頼関係の形成とコーディネーター的役割

　一般に，まず，保護者との信頼関係を築くことが重要だと言われる。それは間違いがないことではあるが，どのように信頼関係を築くかということこそが重要なのである。保育者がいくら親しげに接したとしても保護者との信頼関係が築けるわけではない。基本は，子どもの理解と保育の充実にある。時として保育所・幼稚園など保育の場と家庭とで子どもの姿が違うこともある。しかし，集団場面での子どもの姿をしっかりと捉え，子どもの特徴に合ったきめ細やかな対応がなされれば，子どもは確実に変化してくる。保護者との日常的なコミュニケーションを形成する中で，子どもの成長が認められると保護者は確実に変わってくる。そして，そこに信頼関係が生まれると考えられる。

　このような信頼関係は，特定の保育者と保護者との間に限られるものではない。むしろ，信頼関係を基礎に，保護者が社会に開かれるような働きかけが必要となる。例えば，保護者の障害受容といってもなかなか難しい。また，子どもの成長に伴って，出現する問題も違ってくる。その点で，保護者同士の関係を形成したり，専門機関との連携，小学校との接続など保護者と関係機関とのつなぎ役を果たすことが重要となってくる。いわば，保育所・幼稚園などは保護者に対する直接の支援者であると同時にコーディネーター的役割を果たすことが期待される。これによって，保護者がより大きな社会に開かれ，様々な資源を利用できるようになってくるのである[7]。

以上見てきたように，障害のある子ども，障害のない子ども，保護者，保育者も保育の実践の中で成長していくことが，障害児保育の中で目指されることであろう。

■引用文献

1) 保育小辞典編集委員会編　宍戸健夫・金田利子・茂木俊彦監修：保育小辞典，大月書店，2006
2) 世界保健機関（WHO）：ICF 国際生活機能分類―国際障害分類改定版―，中央法規出版，2002
3) 本郷一夫：「発達」（本郷一夫編著：発達心理学―保育・教育に活かす子どもの理解―，第1章），pp.1-12，建帛社，2007
4) 本郷一夫・飯島典子・平川久美子・杉村僚子：保育の場における「気になる」子どもの理解と対応に関するコンサルテーションの効果, LD 研究，第16巻3号，pp.254-264，2007
5) 髙橋和子：「高機能自閉症児の中学・高校の発達課題」（本郷一夫・長崎勤編著：特別支援教育における臨床発達心理学的アプローチ―生涯発達的視点に基づくアセスメントと支援―），pp.222-230，ミネルヴァ書房，2006
6) 本郷一夫：保育実践における保育者倫理―障害をもつ子どもと保護者への支援―，保育学研究，第43巻第2号，pp.170-172，2005
7) 本郷一夫：幼稚園における「社会性」発達支援―子どもと子どもを取り巻く人々に対する支援―，教育と医学，第53巻12号，pp.48-54，2005

第Ⅰ部 障害児保育の基礎

第2章
障害児保育のしくみ

　障害児保育において保育者は，教育や児童福祉のいずれの制度においても，障害児がその能力や障害に応じた適切な支援を受けるように取り組む必要がある。また，障害児と障害のない子どもが多様な活動を通じて，豊富な体験などを共に得るように支援することも重要である。

　障害児施設などに代表される障害児だけを対象とした取り組みでは，障害に対するアプローチを中心とした発達支援が行われている。この実践は，総合的な支援が求められるため**療育**と呼ばれることがある。一方，保育所や幼稚園などでは，障害児と障害のない子どもが場所や活動を共有して交流し，共同の活動を行うことを中心に**保育**が展開される。

　これらの現場では，どちらも，対象の障害児には一定程度の障害が明らかであるという点で共通している。一方，保育現場において近年「気になる」子どもに関心が向けられており，その中でも発達障害のある子どもに対する支援が必要となっている。発達障害児は保育の対象年齢において，その障害が特定しづらいことや，保育場面にいる人数が多いことなどが，他の障害のある子どもとは異なる。そのため，障害児の保育について制度や現状などを概観して，発達障害児を考慮した新たな配慮事項などを検討する必要がある。

1．障害児保育の基本原則

　障害児は，障害のない子どもと同じく教育や保育を受ける権利をもち，障害に対する適切な支援を受けることができる。このことは，**日本国憲法第26条**

の教育を受ける権利や，**児童憲章**の「11　すべての児童は，身体が不自由な場合，または精神の機能が不十分な場合に，適切な治療と教育と保護が与えられる」という条文からも明らかである。そして，2006（平成18）年に全面改正された**教育基本法**でも教育の機会均等として明記されている。

> （教育の機会均等）
> 第4条　すべて国民は，ひとしく，その能力に応じた教育を受ける機会を与えられなければならず，人種，信条，性別，社会的身分，経済的地位又は門地によって，教育上差別されない。
> 2　国及び地方公共団体は，障害のある者が，その障害の状態に応じ，十分な教育を受けられるよう，教育上必要な支援を講じなければならない。
> 3　国及び地方公共団体は，能力があるにもかかわらず，経済的理由によって修学が困難な者に対して，奨学の措置を講じなければならない。

また，2011（平成23）年に改正された**障害者基本法**の第16条において，年齢，能力，障害の特性を踏まえた教育などとともに，障害児と障害のない子どもが共に教育を受けるための配慮や，交流活動や共同学習の促進について示してある。

> （教育）
> 第16条　国及び地方公共団体は，障害者が，その年齢及び能力に応じ，かつ，その特性を踏まえた十分な教育が受けられるようにするため，可能な限り障害者である児童及び生徒が障害者でない児童及び生徒と共に教育を受けられるよう配慮しつつ，教育の内容及び方法の改善及び充実を図る等必要な施策を講じなければならない。
> 2　国及び地方公共団体は，前項の目的を達成するため，障害者である児童及び生徒並びにその保護者に対し十分な情報の提供を行うとともに，可能な限りその意向を尊重しなければならない。
> 3　国及び地方公共団体は，障害者である児童及び生徒と障害者でない児童及び生徒との交流及び共同学習を積極的に進めることによって，その相互理解を促進しなければならない。
> 4　国及び地方公共団体は，障害者の教育に関し，調査及び研究並びに人材の確保及び資質の向上，適切な教材等の提供，学校施設の整備その他の環境の整備を促進しなければならない。

これらから，障害児に対して，その年齢能力に応じて，保育や教育などの支援を受ける権利を確保すること，障害に対する適切な指導や支援を行うこと，障害のない子どもとの交流や共同活動を促進することは，障害児保育に関する基本的原則であることがわかる。

2．障害児保育の現状

(1) 障害児に対する療育

障害児の療育を行う主な現場として，**児童福祉施設**や**障害児通所支援事業**，そして**特別支援学校幼稚部**がある。2011（平成23）年に改正された児童福祉法では，第6条の2に障害児通所支援に関して示され，第7条に児童福祉施設11施設が挙げられている。このうち，障害児を対象とした施設は，障害児入所施設と児童発達支援センターの2施設で，それぞれ福祉型と医療型となった。また，これらを含めた児童福祉施設の設備や運営について，2011年に示された児童福祉施設の設備及び運営に関する基準がある。2012（平成24）年10月現在の主な児童福祉施設の施設数，在籍児数を表2-1に示した。

特別支援学校は，学校教育法の第72条に示されているように，視覚障害者，聴覚障害者，知的能力障害者，肢体不自由者または病弱者（身体虚弱者を含む）を対象とした学校である。2013年度の特別支援学校の学校数，在学者数（幼稚部，小学部，中学部，高等部の合計）を表2-2に示した。

また，特別支援学校の対象とする障害種別ごとに，学校数，在学者数（幼稚部，小学部，中学部，高等部の合計），幼稚部在学者数を表2-3に示した。

(2) 保育所・幼稚園などにおける障害児保育

障害児と障害のない子どもの保育は，児童福祉施設のひとつである**保育所**（児童福祉法第39条）と，学校教育法に定められている**幼稚園**（学校教育法第22条）で主に行われている。そして，2006（平成18）年に施行された「就学前の子どもに関する教育，保育等の総合的な提供の推進に関する法律」による**認定こど**

表2−1 主な児童福祉施設の施設数, 在籍児数 （障害児関連＊印）

2012（平成24）年10月1日現在

施設種別	施設数	在籍児数
乳児院	130か所	3,023人
母子生活支援施設	259	9,437（世帯人員数）
児童養護施設	589	28,188
障害児入所施設（福祉型）＊	264	7,986
障害児入所施設（医療型）＊	187	6,881
児童発達支援センター（福祉型）＊	316	13,337
児童発達支援センター（医療型）＊	109	2,641
情緒障害児短期治療施設	38	1,236
児童自立支援施設	58	1,506
＊障害児関連4施設合計	876	30,845

（資料：厚生労働省）

表2−2 特別支援学校の学校数, 在学者数

2013（平成25）年5月1日現在

学校種別	学校数	在学者数
特別支援学校	1,080校	132,570人

（資料：文部科学省）

表2−3 障害種別特別支援学校の学校数, 在学者数, 幼稚部在学者数（延べ数）

2013（平成25）年5月1日現在

障害種別	学校数	在学者数	幼稚部在学者数
視覚障害	85校	5,940人	239人
聴覚障害	120	8,624	1,236
知的能力障害	706	118,225	209
肢体不自由	334	32,050	143
病弱・身体虚弱	143	19,653	24

（資料：文部科学省）

も園もある（2014（平成26）年4月1日現在の認定件数は1,359件）。保育所の施設数, 利用児童数を表2−4に, 幼稚園の園数, 園児数を表2−5に示した。保育所における障害児保育の実施状況について, 2012（平成24）年は7,399か所, 11,264人（特別児童扶養手当支給対象児童数）であった（資料：厚生労働省）。

表2−4　保育所の施設数，利用児童数
2013（平成25）年4月1日現在

施設数	利用児童数
24,038か所	2,219,581人

（資料：厚生労働省）

表2−5　幼稚園の園数，園児数
2013（平成25）年5月1日現在

	園数	園児数
国立	49園	5,785人
公立	4,817	274,164
私立	8,177	1,303,661
合計	13,043	1,583,610

（資料：文部科学省）

表2−6　保育所・幼稚園における発達障害児の在籍人数の推計

	人数	6.3％で推計した人数	保育所・幼稚園の数	1か所あたりの推計人数
保育所	2,219,581人	139,833.6人	24,038か所	5.8人
幼稚園	1,583,610	99,767.4	13,043	7.6

（3）保育場面にいる発達障害児の人数の推計

　2002（平成14）年，文部科学省は「通常の学級に在籍する特別な教育的支援を必要とする児童生徒に関する全国実態調査」を発表した。小・中学校の担任教師を対象に，発達障害に典型的にみられる特徴を示す子どもについて調べた結果，学習の困難と行動の困難のどちらか，または両方を示す子どもは全体の6.3％であった（上野，2003）[1]。この6.3％という結果をもとにして，発達障害児が保育所や幼稚園にどれだけ在籍するか推計した結果を表2−6に示した。

　推計の結果から，保育所・幼稚園1か所あたりの発達障害児の人数は，保育所では約6人，幼稚園では約8人となり，たいへん多くの発達障害児が保育現場に在籍すると予測できる。そのため，これまでの障害児保育に関する配慮などに加えて，発達障害児に関する検討が必要であることが示唆される。

3．障害児保育に関する制度の経過

　ここでは，既に述べた障害児保育の基本的原則にかかわる教育・児童福祉制度の経過について概観する。

（1）第二次世界大戦以前について

　戦前の障害児に対する教育制度について，内海（1983）は，「学制以後国内の状況や天皇制国家体制確立強化の目的から，三次にわたる教育制度の改正が実施された。この過程において就学督促が強化されるとともに就学猶予免除規定が確立し，障害児を学校教育から排除していった」[2]と，述べている。

　視覚障害児や聴覚障害児に対しては1923（大正12）年の盲学校及聾唖学校令の制定などがある一方で，知的能力障害児や肢体不自由児などは教育から除外されていった。この時期は，1897（明治30）年に**石井亮一**によって**滝乃川学園**で始められた知的能力障害児への取り組みや，1942（昭和17）年に肢体不自由児を対象とし，**療育**という語をつくった**高木憲二**による**整肢療護園**など，障害児施設での取り組みが中心であった。

（2）第二次世界大戦後の制度について

　1947（昭和22）年に公布された**学校教育法**において盲学校，聾学校，養護学校が明記され，小学部と中学部に加えて幼稚部と高等部をおくことができることとなった。しかし，1947（昭和22）年4月から義務教育が始まったにもかかわらず，盲学校と聾学校ではその1年後に小学部から実施され，養護学校においては未だ実施されなかった。

　また，1947（昭和22）年に公布された**児童福祉法**により，児童福祉施設として保育所などとともに精神薄弱児施設（「精神薄弱」は知的能力障害の当時の呼称）と療育施設が定められた。その後，1957（昭和32）年には精神薄弱児通園施設が設けられたが，対象は満6歳以上で，**就学猶予・免除**のために義務教育を受けていない在宅の知的能力障害児であった。

　この時期は新しい法制度となり，教育を受ける権利や教育の機会均等も示され，障害児に対する教育や福祉の制度がそれぞれ整ってきた。しかし，知的能力障害児や肢体不自由児などは未だ実際の支援を受けられなかったのである。

(3) 教育・福祉制度による支援の実現

1) 養護学校の義務教育実施

　1973（昭和48）年に文部省（現在の文部科学省）から，養護学校の就学義務などに関する施行期日が示された結果，1979（昭和54）年4月から**養護学校の義務制**が実施され，障害児の全員就学が実現した。これに関連して，1974（昭和49）年には，精神薄弱児通園施設の入所条件である就学猶予・免除と対象年齢の制限がなくなり，就学前の知的能力障害児が通園施設の対象となっていった[3]。

　この時期に至ることで，教育と福祉の制度によるすべての障害児を対象とした支援が整ったと捉えることができる。

2) 保育所・幼稚園における障害児保育の制度

　障害児保育を行う保育所に対する**助成制度**が，1974（昭和49）年に厚生省（現在の厚生労働省）から出された。このときは，障害児保育を実施する保育所を指定するために国との事前協議を必要とした。1978（昭和53）年には，障害児を受け入れた保育所に対して助成を行うようになり，その後，事前協議はなくなった。障害児の受け入れに関する主な方針では，保育に欠ける中程度の障害児で，集団保育が可能であり，日々通所できるものを対象とした。また，国から助成を受ける場合，集団保育が可能で日々通所できるもので，特別児童扶養手当の支給対象障害児であった。幼稚園については，1974（昭和49）年から障害児を受け入れている私立幼稚園に対する助成事業として，障害のある子どもが一定人数在籍している私立幼稚園に補助金が交付されることとなった。

　このように，障害児保育を行う保育所や私立幼稚園に対する助成制度は1970年代中頃から始まり，現在まで続いている。

4. 障害児保育に関連する法制度

(1) 発達障害者支援法

　障害児・者に関して法律で定められている障害は，**身体障害者福祉法**による**身体障害**（視覚障害，聴覚障害，肢体不自由，心臓，腎臓または呼吸器の機能

の障害など），**知的障害者福祉法**による**知的能力障害**，**精神保健及び精神障害者福祉に関する法律**による**精神障害**がある。これらに加えて，2005（平成17）年に施行となった**発達障害**に関する**発達障害者支援法**がある。この法律は，発達障害児・者に対する支援の促進，発達障害の定義と理解の促進，発達障害支援を担当する機関などにおける緊密な連携の確保など，を主な目的としている。

（2）特別支援教育制度

障害児保育に関する制度は，障害児を制度から除外した時期から，障害児がもつ権利を確保し，障害などに応じた援助や障害のない子どもとの保育を実現するように移行してきたことが示唆される。そして現在，**特別支援教育制度**が2007（平成19）年4月1日に施行された「**学校教育法等の一部を改正する法律**」により始まった。

特別支援教育について，特別支援教育の在り方に関する調査研究協力者会議が，2003（平成15）年に発表した「今後の特別支援教育の在り方について（最終報告）」の中で下記のように示している。

> 特別支援教育とは，従来の特殊教育の対象者だけでなく，LD，ADHD，高機能自閉症を含めて障害のある児童生徒の自立や社会参加に向けて，その一人一人の教育的ニーズを把握して，その持てる力を高め，生活や学習上の困難を改善又は克服するために，適切な教育や指導を通じて必要な支援を行うものである。

特別支援教育制度について，障害児保育に関連する主な項目は，次の通りである。

① 盲学校，聾学校，養護学校という障害種別の複数の学校を統合して，特別支援学校とした（学校教育法第72条）。

② 特別支援学校により，幼稚園，小学校，中学校，高等学校などに対して特別な支援を必要とする子どもの教育に関する助言・援助を行う（同法第74条）。

③ 幼稚園，小学校，中学校，高等学校などにおいては特別な支援を必要と

する子どもに対して障害による学習上又は生活上の困難を克服するための教育を行う（同法第81条第1項）。

（3）障害者の権利に関する条約

　障害者の権利に関する条約は，国際連合が2006年に採択，2008年5月に発効した条約である（日本は2014年に批准）。この条約では，障害者個人が自ら選択する自由や自立の尊重などとともに，障害児のもつ能力やその子どものアイデンティティを尊重することが述べられている。また，第24条の教育で，**インクルーシブ教育制度**，および生涯学習を確保するように示されている。

> **第24条【教育】**
> 1　締約国は，教育についての障害者の権利を認める。締約国は，この権利を差別なしに，かつ，機会の均等を基礎として実現するため，障害者を包容するあらゆる段階の教育制度及び生涯学習を確保する。（以下，略）
> 　　　　　　　　　　　　　　　　　　　　　　　　　（外務省ホームページより）

（4）障害児保育に関する保育の留意事項

　保育所や幼稚園などにおける障害児保育では，保育の基本や原理に基づき，その機能を十分活用した支援が求められる。その際，保育者が参照すべき事項が，**保育所保育指針**と**幼稚園教育要領**に記載されている。保育に関するねらい及び内容，指導計画などとともに，保育者は，障害のある子どもの保育に関する留意事項などに基づいて実践する必要がある。

1）保育所保育指針

　平成21（2009）年4月1日から告示化され，適用された保育所保育指針において，障害児保育に関する記載は，第4章の「1保育の計画（3）ウ　障害のある子どもの保育」がある。また，障害児の保育に関連する事項として，食育の推進（第5章の「3食育の促進（4）」）や保育所に入所している保護者に対する支援（第6章の「2保育所に入所している子どもの保護者に対する支援（4）」）がある。

> **保育所保育指針**
> **第4章　保育の計画及び評価**
> 1　保育の計画（3）
> ウ　障害のある子どもの保育
> ㈠障害のある子どもの保育については，一人一人の子どもの発達過程や障害のの状態を把握し，適切な環境の下で，障害のある子どもが他の子どもとの生活を通して共に成長できるよう，指導計画の中に位置付けること。また，子どもの状況に応じた保育を実施する観点から，家庭や関係機関と連携した支援のための計画を個別に作成するなど適切な対応を図ること。
> ㈡保育の展開に当たっては，その子どもの発達の状況や日々の状態によっては，指導計画にとらわれず，柔軟に保育したり，職員の連携体制の中で個別の関わりがが十分行えるようにすること。
> ㈢家庭との連携を密にし，保護者との相互理解を図りながら，適切に対応すること。
> ㈣専門機関との連携を図り，必要に応じて助言等を得ること。

2）幼稚園教育要領

　2009（平成21）年4月1日に施行された幼稚園教育要領において，障害児保育に関する事項は，第3章に記述されている。

> **幼稚園教育要領**
> **第3章　指導計画及び教育課程に係る教育時間の終了後等に行う教育活動などの留意事項**
> 2　特に留意する事項
> 　（2）障害のある幼児の指導に当たっては，集団の中で生活することを通して全体的な発達を促していくことに配慮し，特別支援学校などの助言又は援助を活用しつつ，例えば指導についての計画又は家庭や医療，福祉などの業務を行う関係機関と連携した支援のための計画を個別に作成することなどにより，個々の幼児の障害の状態などに応じた指導内容や指導方法の工夫を計画的，組織的に行うこと。
> 　（3）幼児の社会性や豊かな人間性をはぐくむため，地域や幼稚園の実態等により，特別支援学校などの障害のある幼児との活動を共にする機会を積極的に設けるよう配慮すること。

このように，現在の保育所保育指針や幼稚園教育要領には，保育所や幼稚園における障害児保育について留意事項や配慮点などが示唆されている。これらの事項は，身体障害や知的能力障害のある子どもとともに，発達障害の保育においても同様に重要である。さらに近年，**就学相談・就学先決定**に関して注目されるなか，小学校以降の発達や生活などの連続性に配慮することなど，障害児の保育に関するつながりも重要である。そのため，小学校の教師との意見交換や情報共有などについて，倫理的事項に配慮の上，積極的な連携を図ることが求められている。今後，障害児保育に関する法制度の改正や，新たな制度ができた場合でも，それらと保育所保育指針や幼稚園教育要領の内容とを対照し，検討することが必要である。そのため保育者は，障害児の保育および支援に関する適切な知識や技術，最新の知見や情報について理解を深めていくことが必要である。

■引用文献

1） 上野一彦：LD（学習障害）と ADHD（注意欠陥多動性障害），p.46，講談社，2003
2） 内海淳：「日本のあゆみ」（大井清吉・北沢清司編：障害児教育・福祉入門），pp.22-34，晩成書房，1983
3） 李木明徳：「障害児保育の歴史と理念」（渡部信一・本郷一夫・無藤隆編著：障害児保育），pp.18-27，北大路書房，2005

第Ⅰ部 障害児保育の基礎

第3章
保育の場で出会う障害とその特徴

　保育の現場には様々な子どもたちがいる。「障害」がなくとも支援を要する子どももいれば、「障害」があるがゆえに様々な支援が必要な子どももいる。また社会の変化と共に、子どもたちの育ちも多様に変化している。

　こうした中で、子どもの支援の必要性を的確に把握するためには「障害」についての正しい知識と理解が必要である。

　2013年5月、アメリカ精神医学会から「**精神疾患の診断・統計マニュアル第5版**」(DSM-5：the Fifth Edition of the Diagnostic and Statistical Manual of Mental Disorders) が出された。第4版にあたるDSM-Ⅳから実に19年ぶりの改訂となった。本章では、この新しくなったDSM-5に示された考え方を中心に、保育中に出会う様々な「障害」について具体的に述べていく。

1. 知的能力障害（知的発達症／知的発達障害）
Intellectual Disability (Intellectual Developmental Disorder)

(1) 知的能力障害とは

　知的能力障害とは、①臨床的評価および個別化、標準化された知能検査の結果、「論理的思考」「問題解決」「計画」「抽象的思考」「判断」「保育や日常の経験からの学習」の能力に、明らかに困難がみられる。また同時に、②年齢や社会文化的背景を同じくする周囲の子どもたちと比べ、**概念的領域**（記憶, 言語, 読字, 書字, 数学的思考, 実用的な知識の習得, 問題解決および新規場面における判断においての能力), **社会的領域**（共感, 対人的コミュニケーション技能, 社会的な判断), **実用的領域**（セルフケア, 責任, 金銭管理, 娯楽, 行動の自

己管理）といった適応機能のうち，少なくとも一つの領域に著しい困難がみられる。そのため，保育や家庭，地域社会のいずれかにおいて，適切な行動をとるために継続的な支援を必要とする状態にある場合を言う。

知的能力障害の有病率は，全人口の約1％と言われているが，年齢によっては変動する。また，知的能力障害と診断されている人のほとんどは，軽度の範囲に分類される。

1）知的能力障害の重症度

従来，知的能力障害の重症度を決めていたのは**知能指数（Intelligence Quotient：IQ）**であった。知能指数が概ね70を下回り，適応機能に明らかに困難がみられれば，知的能力障害と診断される。しかし実際に支援の程度を決めているのは，適応機能である。したがって，DSM-5では重症度の程度はIQではなく，適応機能の状態により定義される。概念的領域，社会的領域，実用的領域のそれぞれに示された状態により，軽度，中等度，重度，最重度と重症度が分けられる（表3-1を参照）。

ところが乳幼児期（5歳未満）は，重症度について妥当性のある評価をすることができないことが多い。また，標準的な検査を受けるには幼すぎるなど，知的機能の系統的評価ができない場合もある。その場合は，知的能力障害とはせず，**全般的発達遅延（Global Developmental Delay）**に分類し，一定期間をおいてあらためて評価をする必要がある。

2）通常の保育に適応するために支援を必要としている状態

通常の生活の中で支援を必要としている状態とは，何らかの活動や課題を遂行する際に，本人の努力だけで解決できない事柄が生じている状態にあることを言う。ただし障害の有無にかかわらず，乳幼児期の子どもは皆，何らかの支援が必要な状態にある。したがって，年齢相応の課題や活動に問題なく携われているかどうかが判断の指標となろう。そのためには，通常の発達とはどのような変化をたどるものなのか，最低限の知識を持っておく必要がある。また，普段何気なく行われている保育課題や遊びの設定が，実際はどのような領域の能力を必要としているのか,十分に理解しておく必要がある。そうでなければ，

課題や活動につまずきがみられたとしても，どのような領域に困難が生じているのか，どこに支援を必要としているのか見極めることができない。この見極めが確実にできていないことで，必要以上の支援を提供してしまい，子どもによっては強い他者依存に陥り，後の発達に大きく影響してしまうことがあるので注意が必要である。

なお，集団生活における適応機能を観察する視点は，同年齢の子どもや保育者との間の意思伝達や集団活動への参加に支障がないか，年齢相応の身辺自立がなされているかなどがある。また就学を控える頃には，絵画や工作などの設定保育時に一斉教示の内容を十分に理解できているか，また特別な支援がなくても作品が年齢相応の完成度に至っているか，簡単な数理解（少量の「かず」を数える），しりとりなどのことば遊び，鬼ごっこのような簡単なルールの理解が確実にできているかなどである。

(2) 知能検査・発達検査

知能検査には，「**WISC-Ⅳ 知能検査**」（5歳0か月から実施可能），「**KABC-Ⅱ**」（2歳6か月から実施可能）などがある。また発達検査には「**新版K式発達検査2001**」などがある。他にも，適応機能の状態を把握するための尺度として「**日本版 Vineland-Ⅱ 適応行動尺度**」がある。検査の実施や解釈にあたっては，心理職など専門家に，どのような検査法が当該の子どもの能力を測定する上で望ましいのかよく相談し，検査を依頼する。また検査結果と日常生活での具体的な様子を照らし合わせ，より効果的な支援内容にどのようなことが考えられるのか十分に説明を受け，保育実践に役立てて欲しい。

2．自閉スペクトラム症／自閉症スペクトラム障害
Autism Spectrum Disorder

(1) 自閉スペクトラム症／自閉症スペクトラム障害とは

自閉スペクトラム症／自閉症スペクトラム障害（以下，ASDと記す）とは，①言語，非言語による社会的コミュニケーションの技能に困難を抱えており，

表3-1 知的能力障害（知的発達症）の重症度

重症度	概念的領域	社会的領域	実用的領域
軽度	就学前の子ども達において，明らかな概念的な差はないかもしれない。学齢期の子どもおよび成人においては，読字，書字，算数，時間または金銭などの学習技能を身につけることが困難であり，年齢相応に期待されるものを満たすために，1つ以上の領域で支援を必要とする。成人においては，学習技能（読字，金銭管理など）の機能的な使用と同様に，抽象的思考，実行機能（すなわち計画，戦略，優先順位の設定，および認知的柔軟性），および短期記憶が障害される。同年代と比べて，問題およびその解決法に対して，若干固定化された取り組みがみられる。	定型発達の同年代に比べて，対人的相互反応において未熟である。例えば，仲間の社会的な合図を正確に理解することが難しいかもしれない。コミュニケーション，会話，および言語は年齢相応に期待されるよりも固定化されているか未熟である。年齢に応じた方法で情動や行動を制限することが困難かもしれない；この困難は社会的状況において仲間によって気づかれる。社会的な状況における危険性の理解は限られている；社会的な判断は年齢に比して未熟であり，そのため他人に操作される危険性（だまされやすさ）がある。	身のまわりの世話は年齢相応に機能するかもしれない。同年代と比べて，複雑な日常生活上の課題ではいくらかの支援を必要とする。成人期において，支援は通常，食料品の買物，輸送手段，家事および子育ての調整，栄養に富んだ食事の準備，および銀行取引や金銭管理を含む。娯楽技能は同年代の者達と同等であるが，娯楽に関する福利や組織についての判断には支援を要する。成人期には，競争して，概念的な技能に重点をおかない職業に雇用されることがしばしばみられる。一般に，健康管理上の決断や法的な決断を下すこと，および技能を要する仕事をうまくこなせるようになることには支援を必要とする。子育てに一般的に支援が必要である。
中等度	発達期を通してずっと，個人の概念的な能力は同年代の人と比べて明らかに遅れる。学齢期前の子どもにおいては，言語および就学前技能はゆっくり発達する。学齢期の子ども達において，読字，書字，算数，および時間や金銭の理解の発達は学齢期を通してゆっくりであり，同年代の発達と比べると明らかに制限される。成人において，学習技能の発達は通常，初等教育の水準であり，仕事や私生活における学習技能の応用のすべてに支援が必要である。1日の単位で，継続的に援助することが毎日の生活の概念的な課題を達成するために必要であり，他の人がその責任を完全に引き受けてしまうかもしれない。	社会的行動およびコミュニケーション行動において，発達期を通して同年代と明らかな違いを示す。話し言葉は社会的コミュニケーションにおいて通常，第1の手段であるが，仲間達に比べてはるかに単純である。人間関係の能力は家族や友人との関係において明らかとなり，生涯を通してよい友人関係をもつかもしれないし，時には成人期に恋愛関係をもつこともある。しかし，社会的な合図を正確に理解，あるいは解釈できないかもしれない。社会的な判断能力および意思決定能力は限られており，人生の決断をするのを支援者が手伝わなければならない。定型発達の仲間との友情はしばしばコミュニケーションまたは社会的な制限によって影響を受ける。職場でうまくやっていくためには，社会的およびコミュニケーションにおけるかなりの支援が必要である。	成人として食事，身支度，排泄，および衛生といった身のまわりのことを行うことが可能であるが，これらの領域で自立するには，長期間の指導と時間が必要であり，何度も注意喚起が必要となるかもしれない。同様に，すべての家事への参加が成人期までに達成されるかもしれないが，長期間の指導が必要であり，成人レベルのできばえを得るには継続的な支援が通常必要となるであろう。概念的およびコミュニケーション技能の必要性が限定的な仕事には自立して就労できるだろうが，社会的な期待，仕事の複雑さ，および計画，輸送手段，健康上の利益，金銭管理などのそれに付随した責任を果たすためには，同僚，監督者およびその他の人によるかなりの支援が必要である。さまざまな娯楽に関する技能は発達しうる。通常，これらの能力は長期にわたるさらなる支援や学習機会を必要とする。不適応行動がごく少数に現れ，社会的な問題を引き起こす。

(つづく)

表3-1　知的能力障害（知的発達症）の重症度（つづき）

重症度	概念的領域	社会的領域	実用的領域
重度	概念的な能力の獲得は限られている。通常，書かれた言葉，または数，量，時間，および金銭などの概念をほとんど理解できない。世話する人は，生涯を通じて問題解決にあたって広範囲に及ぶ支援を提供する。	話し言葉は語彙および文法に関してはかなり限られる。会話は単語あるいは句であることもあれば，増補的な手段で付け足されるかもしれない。会話およびコミュニケーションは毎日の出来事のうち，今のこの場に焦点が当てられる。言語は解説よりも社会的コミュニケーションのために用いられる。単純な会話と身振りによるコミュニケーションを理解している。家族や親しい人との関係は楽しみや支援の源泉である。	食事，身支度，入浴，および排泄を含むすべての日常生活上の行動に援助を必要とする。常に監督が必要である。自分自身あるいは他人の福利に関して責任ある決定をできない。成人期において，家庭での課題，娯楽，および仕事への参加には，継続的な支援および手助けを必要とする。すべての領域における技能の習得には，長期の教育と継続的な支援を要する。自傷行為を含む不適応行動は，少数ではあるが意味のある数として存在する。
最重度	概念的な技能は通常，記号処理よりもむしろ物理的世界に関するものである。自己管理，仕事，および娯楽において，目標指向的な方法で物を使用するかもしれない。物理的特徴に基づいた照合や分類など，視空間技能が習得されるかもしれない。しかし，運動と感覚の障害が併発していると，物の機能的な使用を妨げるかもしれない。	会話や身振りにおける記号的コミュニケーションの理解は非常に限られる。いくつかの単純な指示や身振りを理解するかもしれない。自分の欲求や感情の大部分を非言語的および非記号的コミュニケーションを通して表現する。よく知っている家族，世話する人，および親しい人との関係を楽しみ，身振りおよび感情による合図を通して，対人的相互反応を開始し，反応する。身体および感覚の障害が併発していると，多くの社会的な活動が妨げられるかもしれない。	日常的な身体の世話，健康，および安全のすべての面において他者に依存するが，これらの活動の一部にかかわることが可能なことがあるかもしれない。重度の身体的障害がなければ，食事をテーブルに運ぶといった家庭での日常業務のいくつかを手伝うこともある。物を使った単純な行動は，いくらかの職業活動参加への基盤となるかもしれないが，それは高水準の継続的な支援を伴った場合である。娯楽的な活動は，例えば音楽鑑賞，映画観賞，散歩，または水遊びへの参加などもありうるが，すべてで他者の支援を必要とする。身体および感覚の障害を併発するとしばしば家庭的，娯楽的，および職業的な活動へ参加すること（見ているだけでない）の障壁となる。不適応行動が，少数ではあるが意味のある数として存在する。

「DSM-5 精神疾患の診断・統計マニュアル」[1] p.34-35 より転載

かつ，②行動に柔軟性を欠き，変化への対応が苦手であったり，反復的な体の運動や物の使用，反響言語（エコラリア）がみられたりする状態を言う。

　なお，この反復的状態には，特定の物事や活動に強く固執（いわゆる「こだわり」）する状態として現れることもある。また中には通常は気にならないような感覚刺激に過敏に反応する，逆に通常では回避したくなるような感覚刺激

に，反応を示さないなど感覚の鈍さを示す場合もある。

　これらの症状は，発達の遅れの程度が重度の場合は1歳を待たずに明らかになる場合もあるが，多くは生後2年までの間に気づかれる。一方，症状が軽い場合や，治療的介入や支援環境の整備により，これらの困難さが見えにくくなっている場合もある。また幼少期にはあまり目立たなかった症状も，成長と共に，社会的に期待される能力を要求されることで，次第にその困難な状態が明らかとなる場合もある。

　このように障害の兆候は，症状の重症度，知的能力の程度，発達段階，暦年齢によっても大きく変化することから，これを「**スペクトラム**」という言葉で表現している。

　ところで，これまでは社会的コミュニケーションの技能や，人との相互的なやりとりに困難が生じているものの，行動に柔軟性があり，変化への対応もみられ，反復的な行動や言語などの困難がない場合は，非定型自閉症，あるいは非定型広汎性発達障害と診断されてきた。しかし新たに改訂されたDSM-5では，これを「**社会的（語用論的）コミュニケーション症（Social（Pragmatic）Communication Disorder）**」とし，新たな診断の枠組みで捉えることとなった。

　なおASDの子どもの中には，しばしば多動性がみられることがある。従来はASDと注意欠如・多動症は，併存しているとはせず，自閉症状ゆえの行動とされてきた。しかし，今回の改訂により，**注意欠如・多動症の症状が併存している場合は，その両方の診断がなされる**こととなった。

　他にも，高機能自閉症，非定型自閉症，特定不能の広汎性発達障害，小児期崩壊性障害，アスペルガー障害という診断名で，様々な症状が説明されてきた。しかしASDでは，これらの障害は包括されている。したがって，非定型自閉症やアスペルガー障害，高機能自閉症といった診断名は，今後使われなくなる可能性がある。

　ASDの有病率は，全人口の1％にまで及んでいる。この有病率の増加は，従来の有病率の20倍の数値である。この増加の背景として，診断基準の拡大，

重症例でない者への診断，認知度の高まりによる偏見の解消，診断が様々なサービスを受けるための必要条件になっていたためなど，いろいろな原因が言われているが，実のところは定かではない。

(2) 保育の中の自閉スペクトラム症/自閉症スペクトラム障害
1) 保育の中の言語，非言語による社会的コミュニケーションの困難

　乳児期後期の社会的コミュニケーションの発達で，最も特徴的なものは，親と子の情動の相互的な交流があげられる。

　例えば親がある特定の対象に，指さしてその存在を子どもに伝えると，通常子どもは即座にこれに反応し，指さされている対象に注意を向ける。また，逆に子ども自身がある対象を親に伝えようと指さす，あるいはその対象を手にすることができれば，それを持ってきて見せる。

　しかしながら，ASDのある子どもは，こうした活動が，障害ゆえになかなかみられず，社会的コミュニケーション能力に困難を伴う。実際に，発達の異常は「指さしへの反応がみられない」「視線が合わない」ことにより，気づかれる場合が多い。また，私たちは他者の模倣を通じて多くのことを学ぶが，この模倣がなかなかみられないことも，ASDの特徴としてあげられる。

　ASDのある子どもは言語発達に遅れがみられるか，あるいは欠如している場合がある。幼児期に，会話が成立する程度の言語発達を示していても，なかなか自分から会話を始めることは難しく，自らは質問をせず相手からの質問にひたすら応答し続けたり，反対に自身の興味のある話題を一方的に伝えることに終始したり，会話のキャッチボールが成立しにくい。

　話し方も，抑揚が乏しく一本調子であるため，感情があまりこもっていないように感じる。また，アニメ番組のせりふの一部や，コマーシャルのフレーズなどを繰り返し言い続ける「遅延性エコラリア」や，話し手が発した言葉をすぐにそっくりそのまま繰り返す「即時性エコラリア」がみられることもある。

　人への方向づけが理解できず，おやつを要求するときに「おやつ，ちょうだい」と言うべきところを，「おやつ，あげる」と言ってみたり，「バイバイ」の

身振りは，手のひらを自分の方向に向け「逆バイバイ」をしてみたりと，独特な表現をする。

孤立して遊んでいることが多く，他児との遊びに加わらず黙々と遊び続ける。そうした様子を見兼ねて保育者が遊びへの参加を促し，集団遊びに参加させても，他児が自然な成り行きで次第に遊びを変化させていくと，その変化についていかずに，いつまでも同じ遊びにとどまり続け，結局は孤立している。

2）変化への対応の困難や，反復的行動

ASDの子どもは，急激な保育環境の変化や，予定の変更に柔軟に対応することが難しい。例えば，いつも必ず通っていた散歩道が工事中であったため，やむを得ず道順を変更したところ，激しいパニック状態となり，まったく手がつけられなくなってしまう。あるいは，行事などの影響で，普段の日課が突然変更になると，それが受け入れられず，いつまでも激しく泣き続け周囲を困らせる。しかし前もって変更があることを，本人にわかる方法で伝えることで，随分と対応できるようになる。あらかじめ，可能な範囲で保育環境の調整を図ることは，子どもが安心して生活を送るためにも必要である。

ASDのある子どもは，おもちゃなどへの興味・関心も限られており，いつも同じおもちゃや物を，ひたすら単調に扱い，遊びとしての変化や発展性があまりみられない。例えば，ミニカーをひたすら一列に並べ，タイヤを横からのぞき込んで長時間過ごす，紐をずっとヒラヒラさせている，壁面の桟を横目でたどり何度も行き来する，あるいは目が回って倒れてしまうのではと心配になるほど，クルクルと回り続けるなど，通常ではあまり見られないような行動を繰り返す姿がみられる。

3．注意欠如・多動症／注意欠如・多動性障害
Attention-Deficit/Hyperactivity Disorder

（1）注意欠如・多動症／注意欠如・多動性障害とは

注意欠如・多動症／注意欠如・多動性障害（以下，ADHDと記す）とは，発達の水準に不相応に，①注意がそれやすく，活動や課題の持続が困難（不注

意）である，あるいは②じっとしていられず動き回り，待つことができない（多動性および衝動性），または，これらの状態が混合して存在している状態を言う。なお，これらの状態は少なくとも6か月以上，本人あるいは周囲の生活に支障をきたしている。有病率は，子どもの場合，約5％と言われている。

　症状は12歳までには明らかになっている。多くの場合，幼児期早期に既に過活動状態が観察されているものの，4歳以前の時期では，ADHDの症状なのか，正常範囲の行動とみなしてよいのかなど，区別することが難しく，症状の有無の判断については戸惑うことが多い。そのため，周囲の人々に症状の正しい知識がないと，単にしつけの問題，保育の問題とされ，保護者や担任の保育者に過度の心理的負担を強いてしまうこともある。特に保護者は，子どもが起こす様々なトラブルにより，周囲との関係に神経質になっている場合が多い。また養育における自信を喪失していることも少なくない。保護者への心理的支援をするとともに，子育てにおける具体的な対応などのアドバイスや，近年ではペアレントトレーニングの提供などが有効であると言われている。

1）注意がそれやすく，活動や課題の持続が困難（不注意）

　注意の持続時間が短いため，周囲の活動の様子が気になり，やるべきことがあるにもかかわらず，途中で別の活動に参加してしまい，なかなか最後まで課題や活動をやり遂げることができない。また活動によっては「うっかりミス」が多くなり，周囲の大人から注意喚起されることも多くなる。そのため活動をやり遂げることで得られる達成感も味わえず，活動への参加意欲の低下にもつながる。

　他にも課題や活動を順序立てて行うことが難しいために，毎日繰り返されている活動であっても，途中で戸惑ってしまうことがある。また直接人から話しかけられているにもかかわらず上の空で聞いていない，あるいは集団での一斉指示を最後まで聞けず，いざ行動する段階になってもなかなか行動に移せず他の子どもの動きを見て行動する姿がみられる。

　なお不注意の場合は，多動性や衝動性の症状が顕著にはみられない。そのため，同年齢の集団内でのトラブルは起こりにくく，障害であることが周囲には

伝わりにくいため，十分な支援がないまま時間が過ぎてしまうことがある。しかし，その間も数多くの失敗を経験し，生活全般での活動意欲が乏しくなってからようやく支援の必要性が認識されることがある。場合によっては，周囲からの否定的なかかわりが予想以上に本人の自己肯定感の育ちに影響していることもある。すべての障害に共通することだが，早期発見・早期対応にはくれぐれも留意して欲しい。

2）じっとできず動き回り，待てない（多動性－衝動性）

多動性の特徴は，とにかくじっとしていられないことにある。椅子に座っていても，常にガサガサと落ち着きなく，周囲に座っている子どもにちょっかいを出す，時に椅子からずれ落ちてしまうなどがみられる。また，通常では立ち歩くべきでない状況でフラフラと立ち歩くなど，一斉保育の場面では特に目につきやすい。こうした行動は注意されると一時的にやめるが，すぐにまた同じことを繰り返し，なかなか改善しない。

衝動性の特徴は，順番を待つことができなかったり，他児が遊んでいるおもちゃを唐突に取り上げたりと，周囲とトラブルを起こしやすいところにある。また挙手をして，さされたら答えるというルールは理解しているにもかかわらず，質問がすべて終わるまで待てずに答えてしまうなど，結果的に集団生活におけるルールから逸脱してしまう。

多動性も衝動性も，自分の思いを抑制して行動をコントロールすることが困難な脳の機能障害からきている。行動上の過活動により，脳内の活動も過活動状態にあるようなイメージを持たれることがあるが，実際には極めて覚醒状態は悪い。言ってみれば，頭の中は常にボーっとしたような状態にある。そのため，本人も意図せず，つい社会的には受け入れ難い行動に至ってしまったり，通常ではありえないようなミスをしてしまう。当然，危険が伴うような行動も目立つことから，周囲の大人は絶えず目が離せず，こうした行動を修正しようと厳しく叱りつけることも多くなってしまう。

しかしながら，本人は意図せずにやってしまった行動に対し，大人が叱っても，自分のどういった行動に修正が求められているのか理解できない。一方的

に叱られ続けることで，かえって反発的な態度や行動に結びつきやすくなる。そして，それがまた叱責の対象となるという悪循環に陥ってしまう。また逸脱的な行動ゆえに，同年代の子どもたちとの仲間関係も壊れてしまい，なかなか遊びに入れてもらえない。それがきっかけとなり，他の子どもたちが嫌がる行動をとってしまい，さらに関係が悪化してしまうこともある。

こうした悪循環を，いかに断ち切るかが保育上の当面の課題となろう。「よい行動，望ましい行動」については，積極的に「ほめる」という姿勢を一貫してとり続けることで，徐々にこの悪循環から脱却できることがある。ぜひ試して欲しい。また保育者が周囲の子どもたちとの間に入り，関係改善の調整役をすることも同時に必要である。

不注意と多動性，衝動性が混合している場合には，状態の悪化の程度によっては，保育上の対応だけでは不十分な場合も多く，薬物療法や心理療法等の必要性が生じる場合もある。保育以外でのアプローチの必要性があるかどうかは，なかなか保育者だけでは判断に迷うところである。日頃から保護者や医療機関，あるいは相談機関等との連携を密にとり，こうした事態に速やかに対応できるようにしておく必要がある。

（２）注意欠如・多動症/注意欠如・多動性障害と知的能力障害

子どもが自身の知的能力，発達段階に適合していない課題や活動の遂行を求められた場合，あまり高い関心を示さず，集中していない様子がみられることがある。そのため課題や活動への従事時間も短く，注意も持続しないため，ADHDではないかと疑われることがある。この場合，他の活動場面や環境（例えば家など）での様子について，十分な情報を集める必要がある。もし，保育場面以外では，特に不注意や多動性，衝動性に該当するような状態がない場合には，ADHDではない可能性もある。

また知的能力障害の子どもが，ADHDを併せ持っているとする場合は，不注意，あるいは多動性，衝動性の程度が，その子どもの精神年齢を考慮しても過剰に目立っている状態を言う。

いずれにしても，子どもの活動従事時間が短い場合は，まずは子どもの知的能力や発達段階に適合した保育設定になっているのか，あるいはそれぞれのニーズに応じた支援が十分に提供されているのかなどを検討する必要がある。

4．先天的障害などの特徴について

保育の中で比較的多く出会う先天的障害に，**ダウン症**がある。ダウン症は21番目の染色体異常を原因としており，独特な顔貌（眼裂が外側につりあがり，鼻根部が低い）を特徴としている。心臓や消化器系の疾患，眼科・耳鼻科的異常などが合併しており，医療による治療が必要な場合もある。運動発達についても，筋緊張が低く歩行の獲得まで時間を要する。また手先の不器用さ，言語の不明瞭さがみられることから，医療・療育機関において理学療法，作業療法，言語聴覚療法が必要なことがある。

他にも**脳性まひ**や**二分脊椎症**のように，身体運動に明らかな障害を認めるものもある。いずれの障害も乳児期早期から専門療育が必要である。

先天的障害は，そのほとんどが乳児期に医療機関で発見される。このことは先天的障害が，乳児期のかなり早い段階から，何らかの医療を必要としている状態にあることを意味している。治療や療育の後，状態の改善・回復に至れば，生活の場を保育所など集団生活の場へ移すことになろう。保育所入所の際には，それまでの経過や今後どのような配慮が必要となるのか，保護者や医療機関・療育機関と十分な意見交換を行い保育の実践に役立てていくべきである。

■引用・参考文献
1）日本精神神経学会監修：DSM-5　精神疾患の診断・統計マニュアル，医学書院，2014
2）アレン・フランセス，大野裕ほか訳：精神疾患診断のエッセンス — DSM-5 の上手な使い方 —，金剛出版，2014

第Ⅱ部 障害児保育の実際——共に育つ保育の進め方——

第4章
知的発達と言葉を促す保育

1. 乳幼児の知的発達と言葉の育ち

(1) 知的発達と言葉の発達の関係
1) 知的発達が言葉を育てる

　生まれたばかりの子どもは，人としての知識を吸収するためのしくみは備えているものの，何も知らない状態である。そこからいろいろな経験を経て，身近な人やもの，出来事についての知識を少しずつ吸収する。そして，吸収した知識と周囲の人々が話す言葉を対応づけ，言葉を習得する。

　スプーンを例に考えると，0歳代半ばまでの乳児は，スプーンもその他のものも手にすると振り回すだけである。しかし1歳近くになるとスプーンは口元にもっていくようになり，用途に合わせた使い方をするようになる。そして，いつも自分が使っているスプーンだけでなく，その他のスプーンやおもちゃのスプーンも，同じスプーンの仲間だということがわかるようになる。スプーンの特徴や，何がスプーンの仲間かについての知識を，スプーンの**概念**と呼ぶ。子どもはスプーンを扱う経験からスプーンの概念を獲得し，この概念と，周囲で話される「スプーン投げちゃだめ」「スプーンで食べようね」などの言葉とを対応づけることにより，スプーンという言葉を習得する。

　したがって，言葉の習得のためには，その土台となる物事についての知識が必要になる。土台としての知識は大きく二つに分類される。一つは**事物についての知識**である。自分の身の回りにある物が，何に使うものか，どのような特

徴をもっているか，どのような事物が同じカテゴリーに属するのかといったことが事物の知識に含まれる。乳幼児は，事物を自分で扱ったり，人が用いるのを見たりしながら，はじめは漠然としかもっていない知識を徐々に確実なものにする。

もう一つの知識は，**出来事についての知識**である。食事・入浴など日常的な活動がどのような流れで行われ，そこでどのような言葉が交わされるかについての知識であり，**スクリプト**とも呼ばれる。スクリプトの獲得に伴い，子どもは，「いただきます」「おいしいね」「ごちそうさま」など様々な言葉が発される状況を理解し，言葉を適切な状況で話すようになる。

知識と言葉は相互に絡み合って発達していくため，言葉を促すには，これらの土台となる知識を育てることが必要である。

2）言葉が知的発達を促す

言葉がある程度育ってくると，今度は，言葉を通じて知的発達が促される。言葉を用いて絵本などを楽しんだり，思考したり，新しい知識を学んだり，他者とかかわり様々な人の立場や意見を知る。このように言葉と知的発達は切っても切れない関係にある。

（2）言葉の発達の道すじ
1）言葉の準備段階（0歳〜1歳前半）
a．知的発達

子どもは誕生直後から，乳首を吸う，物を掴むなどの様々な反射行動をしながら物とかかわり合い，物の知識を深める。物を扱う経験を積み重ねることによって，9か月頃には「あるやりかたで物に働きかけると，ある結果になる」というような物の扱いと結果の関係（**目的―手段関係**）や，視界から遮られても，その物はそこに存在し続けること（**物の永続性**）の理解もできるようになる。このように事物のイメージを頭の中に保持できることが，物の概念の基盤となる。

12か月頃になると，用途に沿った道具の使用ができるようになり，1歳代後

表4-1　知的発達と言葉の発達の一般的道すじ

		コミュニケーション	語彙・文法・言語意識	知的発達
0歳代	言葉の準備段階	・新生児期：第一言語，母親の音声を好む。大人の表情の模倣。人の顔の選択的注視。 ・3か月：人の顔を見て笑う。 ・9か月頃～：コミュニケーション意図が明確になる。指さし，物のやりとり，社会的参照などを行う。	・6～12か月～：「マンマンマン」「ダッダッダー」というような反復喃語の出現。 ・9か月頃～：特定の場面で決まった発声をし始める。言葉の芽生え。 ・10か月頃～：大人の特定の言葉に特定の反応をする。	・生得的な空間知覚および，反射行動による外界との相互作用。 ・9か月頃：手段―目的関係の理解。 ・9か月頃：物の永続性の理解。
1歳代	単語から文獲得段階		・12か月頃～：初語の出現。大人が思っているのとはずれた意味づけをしていることも多い。 ・1歳代後半：助詞の出現「○○チャンノ」，「××ネ」。多様な動詞。	・12か月頃～：用途に沿った道具の使用。 ・1歳代後半：見立て遊びが活発化する。
		・1歳代後半：終助詞が出現し始め，主張，念押しなどの発話機能をもち始める。		
2歳代		・24か月頃まで：今ここを離れたことを話し始める（未来や過去，内面，非現実）。 ・2歳代後半～：性別言葉の出現（男性の一人称「ボク」，女性の終助詞「○○ダワ」），ていねい表現。	・24か月頃まで：二語発話出現。事物名称の爆発的増加。 ・2歳代後半～：文法的な複雑化。複数の文の結合「○○シタラ，××スル」。	
3歳代		・3歳代後半～：仲間の言葉に影響される（男児の一人称「オレ」など）。からかいやジョークなどの発話機能の出現。		
4歳代	会話段階	・4歳以降：内言が育ち始め，言葉で自分をコントロールし始める。		
5歳代			・5歳代～：時間的に逆行する言語表現が可能になる。	

半になると，子どもはもっているイメージを砂やままごと道具に投影して，見立て遊びを活発に行うようになる。

b．コミュニケーション

　乳児は新生児期から人の顔を注視し，胎内でも聞こえていた母親の声や自国語の音声に対して特に強い反応を示す。3か月頃からは人の顔を見て笑い始める。

　9か月頃には明確な意図をもったコミュニケーションをするようになり，欲しい物を指さして親に訴えたり，相手が「ちょうだい」と手を出すと持ってい

る物を渡したり、触っていい物かどうかを親の表情から判断し始め、自分・相手・物という**三項関係**の中でコミュニケーションを行うようになる。これにより、それまで自分と相手、自分と物という二項関係の中で活動していた子どもの活動は、質的に大きく変化する。

c．音声発達と言葉の芽生え

6か月を過ぎた子どもは、「マンマン」「ダッダー」のように、母音と子音を組み合せて繰り返す、**反復喃語**と呼ばれる発声を頻繁に行うようになる。9か月頃になると、特定の反復喃語が特定の場面で発されることが増える。例えば、「マンマンマン」という発声は、食事や授乳のときに頻繁に発されることが多い。自分の好きな食べ物に手を伸ばして「マンマン」と発声しながら親を見るというように、徐々に食べ物と特定の発声が結びついてくる。

2）単語から文の獲得へ（1歳〜3歳）

a．知的発達

12か月を過ぎた頃から、子どもは事物を物の用途に沿った扱いをするようになり、物についてのイメージを持てるようになる。

そのようなイメージが顕著に発揮されるのが**見立て遊び**である。見立て遊びの中では、自分の知識をそのもの自体以外にも投影し、砂をご飯に見立てたりする。また少し月齢の高い子どもたちの見立て遊びではスクリプト的知識が活用されて、調理や食事の場面などが再現される。

b．初語の発達

12か月頃より、特定の物や状況と特定の発声の結びつきが強くなる。食べ物を見ながら「マンマン」、車を見て「ブー」などと発声することで、いよいよ明らかに言葉らしいものが出現する。このように、発語が始まってから50語程度までの子どもの一連の言葉を**初語**と言う。

初語は、子ども自身が生活の中から推測した子ども独自の概念を反映している。そのため、はじめは子ども独自の意味内容を指していたのが、徐々に標準的な意味に変化するなど、単語の意味が不安定なことが多い。

c．語彙の増加と二語発話

1歳代の後半から2歳頃に，子どもの事物の名前についての語彙が爆発的に増大する。子どもが物には名前があるということを気づき始めるためだと考えられる。

この時期の子どもは，身の回りの物の絵や写真をしきりに指さして，大人にその名称を言ってもらおうとする。また，周囲の人間の様子から，名称と物の結びつきをどんどん推測するようになる（トマセロ，2006）[1]。

語彙の爆発的な増加と同じ頃に，二つ程度の単語をつなげて「パパ，カイシャ」「マンマ，モット」などと話すようになる。このような発話を**二語発話**と言う。事物名称にとどまらない，動作や状態などに関する言葉を学習し始め，それを名称と組み合せて用いる。

d．コミュニケーション

1歳代後半から2歳にかけては，言葉を様々な機能で用いるようになる。「○○チャンノ」と自分のものであることを主張したり，「ワンワン，ネ」と念押しをしたり，「ネエ」と相手の注意を引いたりし，強いコミュニケーション的機能をもった言葉も用いられるようになる。

3）会話から読み書きへ（2歳代後半〜）

a．会話の世界へ

2歳代後半以降，子どもは言葉をつなげて長く話し，文法的に複雑な表現が徐々にできるようになる。例えば，「〜シテ，ソレデ〜スル」というように二つの文をつなげたり，「〜ノデ」のように理由を説明することや，格助詞を入れて話すことも可能になる。そして，4歳頃には，日本語に含まれるほとんどの文法要素が発話の中に含まれるようになる。

また，話の内容も，目の前のことだけでなく，過去や未来のことや，自分や他者の気持ちについて話すなど，様々な内容について話し始める。家庭での出来事を園で報告するようになることは，その好例である。そのような文法的，内容的な成熟を伴って，子どもは会話の世界を充実させる。

b．コミュニケーション

2歳後半以降，子どものコミュニケーションは徐々に相互的になる。それまでは，子どもが言葉を通して伝えたいことを大人が推測し，応答しながら会話を続けていたのが，子ども自身が自分から相手に通じているかどうかを確認したり，言い直したりすることを積極的に行うようになる。そして，4歳を過ぎる頃には，大人の支えがかなり少ない状況でも会話を続けられるようになる。

大人の支えなしに会話ができることにより，子ども同士の対等な会話もかなり長く続くようになる。4歳を過ぎた子どもたちは，子どもたちだけで比較的複雑なごっこ遊びを展開できるようになるが，これは，子ども同士での会話がこの時期に可能になることと関連している。

2歳代後半以降，子ども集団における規範などを反映するような言葉も使い始める。「○○ヨ」といった女性語の終助詞や，「ボク」のような男性語の一人称代名詞を使うようになる。さらに，3歳代後半になると，子ども間の力関係を調整するために，「オレ」や「○○ダヨナ」などのような言葉を用いたり，仲間内での冗談やからかいなどが出現する。

c．内言の育ち

4歳頃から，子どもの言葉に新たな機能が加わり，言葉を**思考や自己調整**のために用いるようになる。その結果，積み木を作っているときに「ココニ，コッチノヲノセテ…」などとつぶやいたり，難しいことに立ち向かうために「コワクナイ，コワクナイ」と自分に言い聞かせたりする。もう少し高い年齢では，このような言葉を自分の心にのみとどめられるが，幼児期はまだ独り言として口をついて出てきやすい。

一般に，思考や自己調整のための道具として用いられる言葉は内言と呼ばれる。言葉の代表的な機能として，人とのコミュニケーションがあげられることが多いが，内言に表れるような思考や自己調整は，コミュニケーションと並んで重要な言葉の機能である。

d．一次的言葉から二次的言葉へ

保育の中で，子どもは集団の一員として保育者の言葉を聞く機会が多い。集

団の一員として聞く,いわゆる一対多の言葉は,大人との一対一の場面で経験する言葉とは質的に異なる。**一対一の場面**では,お互いにお互いが理解をしやすいように配慮して話す。子どもは,相手の言葉がわからなければ言い直してもらったり,自分の知っていることと関連づけて話してもらうなど,自分に合わせて調整して話しかけてもらえる。一方,**一対多の場面**では,集団の一員として言葉を聞く。そこでは,特に自分に合わせて調整されているわけではない言葉に対して,子ども自身が一方的に調整して聞くことが求められる。一対一の会話場面での言葉は,非言語も含めた総合的なコミュニケーションの一部としての言葉なのに対して,一対多の言葉は,言葉にのみ依存したコミュニケーションにおける言葉であるといえる。

岡本[2]は,一対一の場面で用いられるような言葉を**一次的言葉**,一対多の場面における言葉を**二次的言葉**と呼び,二次的言葉は最終的に不特定な読み手を想像して用いられる**書き言葉**に到達すると考えた。幼児期の一対多のやりとりは,小学校以降本格的に登場する読み書きに向けた準備と位置づけることもできる。

(3) 知的発達と言葉の発達を捉える方法
1) 発達のレベルを捉える
a. 言葉の発達が気になるとき

保育をしていて,子どもの知的発達や言葉の発達の遅れが気になり始める場面は様々だろう。乳児クラスの子どもであれば,始語が遅れたときなどに心配になるかもしれない。幼児クラスになると,友達同士の中で言葉を交わしながら遊ぶことの少なさや,一斉保育場面などでの保育者の言葉の理解の乏しさなどから,保育者は子どもの言葉の発達の遅れを気にし始めるかもしれない。

言葉の発達が気になる場合には,まず発達の状態を把握する必要がある。以下の点について,言葉の**理解**面と**発語**面の両方から確認するとよい。

確認すべき点としては,①語彙の広がり(日常的に用いている単語の数),②言葉の種類の広がり(物の名前だけでなく,挨拶などの言葉,動作の言葉,

色や数・物の状態を表す言葉，感情を表す言葉，などは話しているか），③言葉の用い方（要求など必要に迫られた言葉が中心か，自分の知っていることを伝えるために言葉を用いるか），④言葉を交わす相手（保護者や保育者など大人が中心か，子ども同士でも言葉を交わすか，どのように言葉を交わしているか），⑤一対多の会話への参加（集団の一員として言葉を聞けるか，みんなの前で話すことはできるか）などがあろう。

　これらの点に注目しながら，他の子どもと発達の状況を比較し，その子どものこれまでの発達の経過を確認することにより，言葉の発達状態の全体像を把握することができるだろう。

2）言葉の発達のずれを理解する
a．理解と発語のレベルのずれ

　子どもの言葉の状態を捉えようとすると，様々な発達のずれに気づくことも多い。代表的なずれの一つは，「言われたことはほぼ理解しているが，言葉を話さない」という，言葉の理解と発語の間のずれである。そして，理解はあるのだから，いずれ話すようになるだろうと様子をみてしまい，意図的な対応が遅れやすい。

　このような子どもの言葉の理解の様子をていねいに観察すると，実は理解も不十分なことも多い。例えば，日常的に繰り返される言葉かけはわかっている様子がみられるが，それ以外の言葉は十分にわかっていない場合や，保育者の言葉を十分理解していなくても，他の子どもの動きから，指示の内容を察して同じように動いているだけの場合も多い。理解はできているという判断を行うには，子どもの様子についての慎重な観察が必要である。

b．保育所・幼稚園などと家庭のずれ

　しばしばみられるもう一つのずれとして，保育所・幼稚園などでは言葉の遅れが気になるが，家庭では心配を感じていないという，保育所などと家庭との発達の認識のずれがある。

　このずれの原因の多くは，家庭と保育所などで用いる言葉の質の違いにある。家庭で用いられる言葉は，親と子どもの間の一対一の会話である。親の言葉は

自然と子どもに合わせて調整され，子どもが理解しにくい状況はそれほど起こらない。一方，保育所などでは，子ども同士の会話や，一対多の言葉かけが多く，いずれの言葉も子どもに調整されているわけではない。4歳児クラス頃から，子どもたちの言葉は一対多の会話の特徴を備えるようになるため，その時期において特に，家庭と保育所などで言葉の発達に関する認識のずれが生じやすい。

したがって，保護者と保育者が認識の一致を得るためには，それぞれの場で用いられる言葉の特徴について保護者にも理解を求める必要がある。

3）言葉の遅れの原因と対応

子どもの言葉に発達の遅れがある場合，それがどのような要因によるのかを見極め，遅れの原因に応じて，どのように保育を展開するかについて考える必要がある。

a．対人関係

言葉の発達の遅れがみられる子の中に，人とのかかわりが乏しく，他者からの働きかけをあまり受けとめないタイプの子がいる。このような子どもたちは，自分の気持ちを人に伝え共感を求めようとする動機づけが薄く，自分に向けられた言葉に注意を向けることも少ないため，言葉の理解，発語双方に遅れが生じやすい。

対人関係の発達に問題がある子どもを保育する際には，まずはその子どもの気持ちを推測しながら穏やかにかかわり，その子との信頼関係をつくることである。可能なら，気の合う特定の保育者とのかかわりが確保できることが望ましい。

b．聞こえ

言葉の遅れがみられる子の中には，聞こえに問題があるケースも少なくない。耳から入ってくる言葉が不十分であれば，不十分な素材をもとに言葉を習得しなくてはならないため，言葉の獲得も不十分になりやすい。

指さしや身振りで人とかかわろうとする様子や，描画や積み木等を用いて遊ぶ様子など，言葉以外の発達に大きな異常がみられないにもかかわらず，後ろ

から呼びかけられたときの反応が非常に鈍い場合などは，聴覚上の問題を疑い，医療機関との連携を取ることが望ましい。

また，聞こえに問題がある子どもとかかわる場合には，かかわりを子どもの正面から行い，はっきりした口の形でゆっくり話す必要がある。

c．知的発達

言葉の発達の遅れがある子どもの中で，人とかかわろうとする気持ちに問題がみられず，遊びその他の行動が全体に幼い場合は，その子の言葉の遅れは知的発達全般の遅れからくるものと考えることができる。

このような子どもたちの場合には，言葉の基盤となるような知識を習得できるように，ていねいな働きかけを行うことが対応の基本となる。

d．環境上の問題

環境上の問題の影響が大きい言葉の遅れもある。例えば，家庭ではずっとビデオ等を見ており，大人との落ち着いたかかわりをほとんど経験できていない場合や，逆に，多くの大人がいる家庭で要求等を言葉にしなくても大人がくみ取ってくれる結果，言葉を発する動機づけが育ちにくい場合などである。環境がそれほど劣悪ではなくても，子どもの側に何らかの発達の弱さがある場合には，予想外の大きな影響を及ぼすこともあるので，注意が必要である。

環境の問題が疑われる言葉の遅れに対しては，保護者との信頼関係をつくりながら，家庭での子どもへの働きかけ方や生活の様子を聞き取り，子育てについて一緒に考える関係づくりができることが望ましい。

2．保育目標の立て方

言葉の遅れの程度やその原因にかかわらず，子どもたちがそれぞれのレベルに合った形で，充実した生活を送れることが，知的能力や言葉を育てる上での大前提である。その中でも特に，経験の内容の質を高めること，大人や仲間と経験を共有できることが重要である。

（1）どのように言葉かけを行うべきか

　子どもの言葉の発達を促すには，子どもが受けとめやすい情報を豊かに含んだ言葉を子どもに提示することが必要である。

　一般に，子どもが受けとめやすい言葉とは，大人同士で話すよりも，高い音程で強い抑揚があり，文が短く，繰り返しが多く，今ここで起こっている事柄についての言葉である。大人は，子どもの言葉の理解のレベルを感じ取りながら，子どもが自然に注目しやすいような内容や話し方を工夫する必要がある。

　また，言葉と一緒に子どもに提示する情報も，子どものレベルに合わせて工夫する必要がある。例えば，「リンゴ」について話すとき，単にリンゴをさして「リンゴ」というだけでなく，その感触や味，色などを子どもと一緒に経験することが，子どものリンゴの概念を豊かにすることにつながる。そのようにして，豊かなイメージをもてるようにすることが，それに対応する言葉に子どもが気づき，一つのリンゴについて多くを表現できることにつながる。

（2）伝えたい気持ちと伝えたい内容を育てる
1）わくわくする経験が，伝えたい内容を育てる

　夢中になって遊び，充実して楽しく過ごしているとき，子どもは様々な気持ちを経験する。なかなか思うようにできない焦燥感や，できたときの達成感，発見や驚き，わくわくした気分など，そのときに感じる気持ちの程度も当然大きくなる。子どもたちが，仲間や大人と共有したいと思うのは，そのような強い気持ちである。伝えたい気持ちがかき立てられるような経験ができるよう援助することが，言葉を育てることの基本になる。

　子どもの知的発達のレベルや興味に応じて，何が充実した経験になり得るかは異なる。したがって，大人は子どもが遊びを楽しんでいるかどうかをていねいに感じ取る必要がある。単に相手に合わせて行っているだけの活動や，惰性で繰り返している活動，やりたくないことから逃れるためにやっている活動が多い子どもに対しては，もっと夢中になれる活動に誘いかけなくてはならない。

2）聞いてもらえる安心感が，伝えたい気持ちを育てる

　伝えたい気持ちを安心して伝えられる相手がいることが，子どもの伝えたい気持ちをさらに育てることにつながる。保育者・保護者共に，子どもの言葉を育てるために，よき聞き手となりつつ，子どもの言葉を引き出すことが望ましい。

　そのためには，子どものそのときの言葉や表情，様子はもちろんのこと，これまで何をしてきたか，昨日や一昨日はそのことについてどうだったか，子どもがこれから何をしたいと思っているかなどについて，子どもをよく見て推測しながら，子どもの話を聞き取ることが必要である。保育者が子どもの気持ちの流れに沿って，がんばったこと，うれしかったこと，残念だった気持ちなどに共感することで，子どもは自分の気持ちが伝わっていることが実感できる。そのような安心感は，子どもがのびのびと自分の気持ちを表現し，伝えたい気持ちを高めることを促す。

　保育者が，自分の教えたいことや伝えたいことを優先して，子どもの気持ちを十分に聞きとることができなかったり，ほめることに熱心になりすぎて共感よりも評価的な態度になる場合には，このような聞き取る関係がつくりにくくなるので，注意すべきである。

　また，子どもにとって，自分が表現しきれない気持ちを保育者が推測して言葉にしてくれることは，自分の気持ちに適合した言葉を聞く機会にもなる。このことは，子どもが自分の表現したい言葉を身につける上でも貴重な機会である。

（3）遊びを通して言葉を育てる

1）見立て遊び

　子どもたちの多くは，見立て遊びが大好きである。目の前のおままごと道具や砂や葉っぱに自分のイメージを投影して遊ぶ。遊びを通してイメージをふくらませることにより，言葉の土台となる知的な能力も育つ。障害のある子どもの場合，発達レベルや関心のずれから，見立て遊びを他の子どもたちと共有で

きないことも多い。そのような場合には，保育者が遊びに十分かかわり，イメージを豊かにする支援をする必要がある。

　幼児段階の発達レベルでの見立て遊びはどんどん込み入ったものになり，自分は今誰であり，何をしているつもりであるかを言葉で説明したり，遊んでいる相手との間で遊びのイメージがずれると，相互のずれを調整するために話し合ったりする。障害のある子どもの場合も，遊びをより楽しく行いたいという思いに支えられて，言葉を用いる機会が増え，言葉の発達も促されることが多い。

2）友達との話し合いやいざこざ

　4歳から5歳になると，友達遊びがいっそう盛んになる。遊びへの仲間入り，ルールの確認，いざこざやその解決のために様々な言葉を使うようになる。子どもたちにとって，自分の遊びを楽しむために仲間と言葉でやりとりすることは，日々の生活における重要課題である。彼らは自分の力を十分に用いて友達とやりとりし，自らの言葉の力を伸ばしていく。

　言葉の発達に遅れのみられる子どもが仲間遊び場面に参入する場合，そこでの保育者の役割は，その子と仲間の言葉をつなぐことである。その子どもの言葉が不十分な場合，保育者が補って仲間に伝え，仲間の言葉をわかりやすくその子に伝え直す。遊びたい気持ちから言葉を用いることへの動機づけが高まること，伝えたい気持ちと合致する言葉を保育者が代わりに言うことが，その子にとって最適な言葉の見本となる。

3）言葉そのものを楽しむ遊び

　手遊びや，絵本，劇遊びなど，言葉そのものを楽しむ遊びもある。

　繰り返しのある手遊びや絵本は，言葉に遅れがある子にとって，大人とやりとりしながら言葉を楽しむ貴重な機会であると同時に，そこに出てきた言葉を身につけるための機会である。障害のある子どもに読み聞かせをする際には，落ち着いた環境を準備し，子どもがいやがらない程度に繰り返し同じ素材を用いると，はじめはあまり関心を示さなかった子どもも徐々に関心を示すようになることが多い。

障害児にとって，所属する生活年齢クラスで経験する手遊び歌や絵本のレベルが高すぎる場合がしばしばある。そのような場合，必要に応じて低年齢クラスの絵本を活用するなどし，それぞれの子どもに合わせた工夫を行うことが必要である。

(4) 目標設定の原則

ここに述べたように，信頼できる相手とわくわくするような活動を共有できることは，言葉の発達のレベルや遅れの原因にかかわらず，保育の中でぜひとも達成したい重要な目標である。

それに加えて必要な配慮として，言葉の発達のレベルと，遅れの中心的な原因に合わせた対応も必要である。発達にレベルを合わせた対応とは，子どもの現在の発達レベルよりほんの少しだけ上のレベルで言葉をかけることである。原因に合わせた対応とは，子どもの言葉の遅れの主要な原因と思われる事柄に対して，それを育てていくようなアプローチを行うことである。

3．保育の実際

(1) 3歳児クラスで知的発達の遅れがある子どもの言葉の土台を育てる

> 事例4-1
> A子は，0歳代後半より運動発達の遅れのため，また，1歳半健診で知的発達全般の遅れを指摘され，療育機関に通っていた。2歳半でようやく歩行開始した後，3歳1か月で保育所3歳児クラスに入った。

1) 保育計画

入所当初のA子は，生活習慣については，排泄は紙おむつ使用で排尿しても保育者に教えない，食事ではスプーン等を使わず手づかみで食べ，途中から食べ物で遊ぶ，着脱もすべて介助が必要という状態だった。家では身辺自立に関するほとんどのことを母親に頼っているとのことだったので，保育所では

個々の活動の手順を明確にし，できるだけA子に活動させるようにしながら，「チー，しようね」「パンツ，はこうね」など，活動の要所に短くわかりやすい言葉をていねいにかけるようにした。

外遊びは大好きで，ひとりでコンビカーを押して動き回ったり，座り込んで砂をいじったりした。他児のまねをしないが，遊ぶ様子をじっと見ることが多かった。砂場などで保育者がついて，まわりの子が行うのと同じような遊びを一緒に行うなどして，A子の他の子への関心と遊びの幅を広げることとした。

言葉とコミュニケーションについては，欲しいものがあると指さして「アーアー」ということが多かったので，それにはできるだけ答えながら，その物の名前を伝えるようにした。

これらのことをていねいに行うために，保護者の了解を得て，A子に対して加配の保育者をつけ，きめ細かく保育することにした。また，朝の会を始める前の自由な時間に，加配の保育者と静かな部屋で，A子が療育機関で行ったひも通しなどの課題を一緒に行うなど，保育者と一緒にゆっくりかかわる時間も確保した。

全体的にいって1歳代前半程度の発達段階にあり，言葉の土台となる力を育てる時期であると考えられた。

2）保育実践

半年ほどの保育を経て，食事や排泄などの日常的な活動では，保育者の言葉に合わせて自分でも排泄しながら「チー」と言うなど，活動に合わせた発声が出るようになった。

好きな砂遊びでは，保育者も一緒にかかわりながら，少しずつ食べるまね，飲むまねなどの見立て遊びを広げていった。他の子どもが使っている玩具に関心を示し，指をさしながら「アーアー」と声を上げ，時には一方的に取ってしまうこともあったが，保育者が仲立ちしてA子に「カシテ」の身振りを行わせたり，だめなときは「バツ」の身振りをして伝えることを周囲の子どもに教えたりした。そのような経過の中，A子自身もいくつかの身振りを意図的に使うようになった。

しかし，3歳児クラスの一斉保育でやっていることは理解できず，注意がそれてしまうことも多かった。言葉だけでの説明が続きすぎないように，説明の際に物を提示するなどして，A子が何となくでも課題がわかるように配慮した。さらに加配の保育者やサブの保育者が，A子のそばについて，課題の内容の説明を行った。

クラスの子どもたちの一部は，A子が玩具を一方的に取ったりすることから，「なぜA子はいつもお話しをしないのか」と保育者に尋ねたり，A子を敬遠する様子を見せるようになった。保護者の了解の上，現在のA子の状態をクラスの子どもたちに説明し，障害のために話せないこと，おもちゃを取ったらいやなことをやさしく伝えれば理解できることなどを伝えた。それにより，仲間のA子の受け入れはかなり自然になった。

（2）4歳児クラスで自閉スペクトラム症児のコミュニケーションを育てる

> 事例4－2
> 　4歳1か月で保育所の4歳児クラスに入所したB男は，言葉の発達や保育者とのコミュニケーションの取り方についての心配が見られたため，入所後3か月頃に保護者に対して園から医療機関の受診を勧めた。医療機関では自閉スペクトラム症と診断され，障害児担当保育者が加配されることになった。

1）保育計画

入所当初のB男は，視線が合いにくく，他者とのコミュニケーションが取りにくかった。乗り物の図鑑に描かれた乗り物の名称を次々言ったり，コマーシャルのせりふを一方的に言うなど，知っている言葉は少なくないものの，人とのかかわりには用いられていなかった。そこで，すでに知っている言葉がかかわりの中で用いられるよう，B男の好きな遊びの中に担当保育者も入り，B男とかかわりながら遊びを広げることにした。

またB男は，自分の希望と異なる状況では興奮して保育室を飛び出したり，他児にかみつくなど，激しい反応を示した。家庭でも，思い通りにならない時

に同じような行動を示したとのことだったが，保護者はB男の言うがままだったり，好きなテレビやお菓子に気をそらすことが中心で，きちんとしたコミュニケーションはできていなかった。そこで，思い通りに行かない場面で，担当保育者が，B男に無理のない範囲で，「××をすませたら，外で遊んできてもいいからね」などの言葉かけで，はじめに決めたことは最後まで行うよう励まし，園生活のスクリプトに基づいた生活の見通しがもてるように促した。

全体に，保育者との一対一のコミュニケーションを深め，その中でかかわりを楽しんだり，気持ちの調整ができるようになることなどが，4歳児クラスでの課題であると考えられた。

2）保育実践

決めたとおりに見通しをもって行動することに関しては，はじめの2か月ほどは，思い通りに行かないと激しい反応も見られたが，ほどなく，落ち着いた反応を示すようになった。例えば，外遊びから室内での一斉保育に戻りたくないときなど，泣いて怒るのではなく，「先生のお話が終わったらまた外に遊びに戻れるからね」と言われて応じるようになった。B男にとって園内で最も身近な障害児担当の加配保育者の言うことに対しては，なかなか行動を変えようとしないことで甘えてみせるのに対して，やや厳しいクラス担任の保育者の言うことは比較的速やかに聞くというように，特定の保育者に対する甘えや愛着が出るようになり，相手によって応答の仕方を使い分けるようになった。

自由遊びでは，担当保育者とのごっこ遊びを好み，テレビのアニメーションキャラクターのせりふを再現するような遊びを繰り返した。担当保育者もいったんはB男につきあって，B男が保育者に割り当てたキャラクターのせりふを言うなどして，まずはB男と楽しく過ごせることを優先した。しかし，B男の好みの遊びに合わせることは，B男をよく知った大人以外では難しかったため，他の子どもたちとの遊びに広がることはなかった。そのため，担当保育者は，その遊びで他児とのかかわりを深めることはあきらめ，ブロックなどの遊びでB男が他の子どもたちとかかわることができるよう，お互いの言いたいことをつなぐ役割を行った。その結果，B男にうまく配慮できる何人かの子

どもたちと，砂場に道や山を作ってトラックを走らせるような遊びを一緒にできる場合も出てきた。

(3) 5歳児クラスで行事を生かして，気になる子の一対多のコミュニケーションを育てる

> 事例 4－3
> 　C男は3歳児クラスで保育所に入所した。入所当初は一人遊びが多く，友達とのかかわりがあまり見られなかったが，4歳児クラスの半ばくらいから急速に言葉の力をつけ，友達と大きな困難もなくかかわれるようになった。しかし，一斉保育の場では保育者の話を聞くことができず，話がわからなくなると保育中に席を立ってしまうということは，引き続きみられた。

1) 保育計画

5歳児クラスでは，①他の子どもとかかわりながら遊べるようになる，②一斉保育に自分から参加できるようになる，の二つを大きな目的とした。②の手段として，C男が興味をもちやすい内容を，年間の活動テーマとすることにした。従来からこの保育所では，年間の活動テーマを決め，それを運動会やお楽しみ会，冬の劇遊びなどで展開させている。そのテーマを，C男が大好きな「昆虫」とし，運動会では虫をテーマにした競技を行ったり，お楽しみ会では大きな段ボールを用いての虫の共同製作，虫に関するストーリーでの劇遊びなどを行うことにした。

2) 保育実践

大好きな昆虫が活動のテーマになったこともあり，C男の一斉保育への参加の様子は大きく変化した。

5月の運動会に向けた話し合いでは，どのような虫を競技に登場させるかについての話し合いをクラス全体で行った。従来は一斉の話し合いに能動的に参加することはほとんどなかったが，大好きな虫を登場させたいという思いから，C男も話し合いの中でいくつもの意見を出し，一部は競技に取り入れられた。

しかし一方では，答えようとしても指名されなかったり，自分の意見が取り

入れられないときなどに，怒って保育室から飛び出してしまった。このような行動は，C男の行動コントロールの悪さではなく，一斉場面での会話の理解の悪さによると考えられる。すなわち，C男は一斉保育の中で保育者の問いかけに答えてはいるものの，保育者がクラス全体を配慮しながら一対多のやりとりを行っていることの理解が不十分であり，C男自身は保育者との一対一の会話を一斉保育の中で行っていたのである。

しかしこの頃，クラスでの話し合いの中で魅力的なアイディアを出す存在として，C男が周囲の子どもたちに受け入れられるようになってきた。競技の練習で出てきた虫をイメージした動きなどを，自由遊びの時間に他の子どもと一緒に遊ぶことなどが出てきた。

秋のグループ製作でも虫の大型製作を行うことになり，班に分かれて製作のアイディアを相談した。その経過で，少しずつではあるが，リーダー保育者の問いかけに対するクラスの別の子の答えを聞こうとする態度が出てきた。自分の考えと人の話を照らし合わせながら活動を進めることで，本児が心の中で他者との会話を行い，思考や内なる言葉を育てていったのである。

■引用文献

1) トマセロ M., 大堀壽夫・中澤恒子・西村義樹・本田啓訳：心とことばの起源をさぐる，勁草書房，2006. Tomasello, M.：The cultural origin of human cognition, Harvard Univ. Press, 1999
2) 岡本夏木：ことばと発達，岩波書店，1985

第Ⅱ部 障害児保育の実際―共に育つ保育の進め方―

第5章
行動・情動を調整する力をつける保育

1. 行動調整・情動調整とは

(1) 行動調整・情動調整の定義

　子どもが社会の中で生活していくためには，置かれた状況に応じて，自分の行動や情動を調整することが必要となる。一般に，**行動調整**や**情動調整**というと，行動や情動を抑える側面が強調されがちである。しかし，何も行動を起こさないで，情動も示さないのが調整ではない。状況に合わせて適切に調整するというのは，時としては行動や情動を表に出すということでもある。したがって，行動調整や情動調整は行動や情動を抑える側面だけでなく，それらを表に出すことも含む。

　行動調整と類似した用語としては，**自己制御**，**自己統制**，**自己抑制**などの用語がある。このうち，自己制御には，一般に「自己主張」と「自己抑制」の両側面が含まれる。一方，「自己統制」「自己抑制」といった場合，行動を抑える側面が強調されている。

　また，情動調整と関連して**情動調律（affect attunement）**という用語も使われる。これは，赤ちゃんが笑うとお母さんが笑う，赤ちゃんが泣くとお母さんも泣くといったように，自分の感情が外に表され，それが他者の表情によって示されるなど，養育者の評価などによって感情の認知が可能になってくる側面を指す。

（2）自分の力で行動や情動を調整すること

　行動調整，情動調整とかかわる理論に**自己決定理論（self-determination theory）**という考え方がある。この理論によれば，人の基本的欲求には，①自己決定性，②関係性，③有能性の三つがあるとされる。そして，これら三つの要求が満たされるとき，人はウェルビーイングの状態，すなわち，単なる幸福ではなく，自己が統合され，完全に機能している状態（Ryan & Deci, 2001）になると考えられる[1]。

　これを行動調整，情動調整との関連で考えてみると，第一に，環境と効果的にかかわるだけでなく，主体的にかかわることが重要となる。第二に，他者からの強制ではなく，社会の価値やルールを自己に**内在化（internalization）**していくことが重要となる。

　一般に，自己調整には次の四つの段階があるとされる。

① 外的調整段階：外部からの強制。「やらせられる」段階
② 取り入れ的段階：課題の価値は認めるが，「しなくてはいけない」といった義務的感覚の段階
③ 同一視的段階：自分にとって「重要」だからやるといった段階
④ 統合的段階：「やりたくて」やるといったように自分の欲求と行動が統合された段階

　このように，自分の行動や情動の調整は，個人の中に閉じて成長するのではなく，保護者や保育者，仲間との関係の中で生まれてくる力だということがわかる。また，自分で自分の行動や気持ちを調整できるという感覚は，環境への適応を促すだけでなく，子どもの中に**統制感**や有能感を生み出す。すなわち，人との関係の中で生まれた行動調整・情動調整能力は，自分で自分の行動を決定できるということだけでなく，自分自身が調整の主体であるという有能感をつくりだすことにつながってくると考えられる。

2．発達検査から捉える行動・情動調整の発達

　表5-1は，発達検査から情動表出，情動調整，行動調整とかかわりがある項目を年齢ごとにまとめたものである。ここから，特徴的な項目をみていくと情動表出では0歳後半～1歳では「怒り」や「援助希求」が表出し，3歳以降になると「くやしがる」「涙ぐむ」といった社会的理解を通じての情動が表出している。

　情動調整では1歳～2歳で欲求を抑え満足を先に延ばすようになり，4歳以降になると「妥協」「泣かない」「泣くのを見られないようにする」など情動抑制がみられるようになる。

表5-1　情動表出・情動調整・行動調整に関する発達項目

年　齢	項　　目	情動表出	情動調整	行動調整
7～12か月	欲しいものが自分の手に入らないと怒る	○		
	持っているおもちゃなどを片付けると不快の表情をあらわす	○		
	泣かないで欲求を示す		○	
	すぐに触ろうとするのを「まだよ」と言うと手をひっこめる			○
	「ちょうだい」と言うと手に持っている物を差し出す			○
1歳	自分にはできそうにない困った場面では助けを求めてくる	○		○
	ほめると同じことを繰り返す	○		
	遊びたいものがあってもお片付けの時間だと話せばがまんできる		○	○
2歳	間違ったことをしたとき「やってはいけない」と言えばやらない			○
	「あとにしよう」と言うと満足を先にのばすことができる		○	
3歳	ほめると，もっとほめられようとする	○	○	
	勝ち負けのある場面で自分が負けるとくやしがる	○		
	「貸して」と言うと使っているおもちゃなどを渡せる		○	
	知らない人にいたずらを注意されたらすぐにやめる			○
4歳	友達と相談したり，妥協しながら一緒に遊ぶ		○	
	かみなりの音がしてもこわがって泣くことはない		○	
	注射をされても泣かないでいられる	○	○	
5歳以降	かわいそうな話をすると涙ぐむ	○		
	泣いているのを他の人に見られないようにする		○	○
	いたずらをしたことを叱ると次からはやらない			○
	「ここで待っていて」と言うと15分くらい待てる			○

（遠城寺式乳幼児分析的発達検査法，乳幼児精神発達診断法（津守式），KIDS乳幼児発達スケールを参考に作成）

行動調整は0歳後半で「『ちょうだい』と言うと手にもっている物を差し出す」など言語発達に伴う言葉かけへの応答からはじまり，3歳では「知らない人にいたずらを注意されたらすぐにやめる」ことができるようになる。また，5歳以降では「叱ると次からはやらない」など時間を超えて行動を調整できるようになる。これは，場面ごとに行動を調整していたものが，そこから不適切な行動を理解するようになり，次に同様の場面が生じた際はその不適切な行動を事前に制止するような学習が成立しているといえる。

　また，これら情動表出，情動調整，行動調整は1歳までは比較的独立したものであるが，1歳過ぎからは重複するものがでてきている。例えば，2歳の「『あとにしよう』と言うと満足を先にのばすことができる」は「やりたい」という情動の調整とともに，「やりたい」行動を制止する行動調整の二つの働きが生じている。年齢が増すと「泣いているのを他の人に見られないようにする」など情動を調整するとともに表情などの細かい動きを調整するように複雑になっている。このように，情動表出，情動調整，行動調整は0歳代からいろいろな経験を通し，より複雑な働きができるように発達していく。

3．行動調整・情動調整の背景

　子どもの「落ち着きがない」「突発的な行動が多い」「集中力がない」などの行動は，単に「多動性」「衝動性」といった子どもの傾向によって説明できるわけではない。その背景には，①知的な遅れ，②注目要求，③物や事態の要求，④自己防衛など様々な背景がある。

(1) 知的な遅れ

　子どもに知的な遅れがある場合，保育者はしばしば，子どもにわかりやすいように働きかけを変更したり，個別的な声かけをするため，子どもは全体の動きの中から大きくはみ出さないで過ごしている。そのため，保育所・幼稚園などでは意外に知的な遅れについて気づかれにくい。

しかし，時として，このような知的な遅れのある子どもは，保育者の指示の意味がよくわからなかったり，間違って理解して動いてしまうため，「衝動性が高い」「多動だ」とみなされてしまうことがある。

とりわけ，記憶の範囲が狭い場合，このようなことが起こる。例えば，「椅子を片付けて，トイレに行ってから，ホールに集まってください」という指示をした場合，いきなりホールに向かって走り出してしまう子どもがいる。これは，「椅子を片付けて」「トイレに行って」「ホールに集まる」といった三つの要素を一度に覚えるのが難しいため，最後の「ホールに集まる」といった部分だけを理解し，動いてしまうため，「衝動性が高い」とみなされてしまう例である。

（2）注目要求

「朝のお集まり」場面や集会など，みんなが集まる場面などで突然，逸脱行動をとる子どもがいる。このような行動をとる子どもの中には，逸脱行動をすることによって他者からの注目を浴びたいという欲求をもっている子どもがいる。このような子どもの場合，逸脱行動をするたびに注意をしてもなかなか子どもの行動が改善しないことがある。そもそも行動の背景には，保育者や他児の注目を浴びたいということがあるため，逸脱行動に対してタイミング良く注意をすることはかえって，逸脱行動を促進してしまうということになる。さらには，保育者の度重なる注意は，他児からの否定的評価を引き起こし，集団への不適応による逸脱へと発展していってしまうことがある。その点では，注意を与える必要があるが，そのタイミングや注意をする場面などについて工夫が必要となってくる。

（3）物や事態の要求

保育の場における「気になる」子どもの中には，「おもちゃを独り占めしたい」「何でも一番にならないと気がすまない」という物や事態の要求が強い子どもがみられる。このような子どもの中には，先の見通しがもちにくい子どもや家

庭での生活が不安定な子どももいる。いずれにせよ、「一番になりたい」「独り占めしたい」といった欲求が強いため、保育者の指示が終わる前に飛び出したり、他児を押しのけたりする姿がみられ、「落ち着きがない」「衝動性が高い」とみなされてしまうのである。しかし、行動や情動の調整そのものというよりも、その背景にある欲求の強さに依存している行動であるため、生活全体の安定を図る中で物や事態への要求を弱める働きかけが必要となってくる。

(4) 自己防衛

「自己防衛」とは、文字通り自分自身を守りたい、傷つきたくないといった欲求である。例えば、自分が勝てそうもないゲームには参加しない、自分に都合が悪い場面では保育者が近づいただけで逃げてしまうなどの「逃避」的行動などがこれにあたる。また、自分の弱い部分を隠すかのように「多動・多弁」になる場合もある。さらに、自分が勝てるようにゲームのルールを強引に変更したり、自分に勝った他児をたたくなど「攻撃的行動」を取る場合など多様な形態を取る。このような現象は、一般に子どもの年齢が高くなるとより多く観察されるようになり、保育者が言葉によって説得しようとしてもなかなかうまくいかない。子どもの言語能力も高くなってくるため、次々に言い訳が考え出されることになる。しかし、子どもの言い訳に表される内容が子どもの逸脱行動の直接の原因ではないため、それを解決しても事態が変化しないことが多い。その点で、表面的に表現される事柄よりも子どもの内面や対人関係に焦点を当てた対応が重要となってくる。

4．行動調整・情動調整の発達を促す保育の構成

行動調整・情動調整が不得意だからといって、集団場面に参加させず、自分の好きな遊びだけをさせていたのでは、行動調整の力や情動調整の力は育ってこない。むしろ、生活の範囲や対人関係が制限されてしまうことになる。したがって、子どもが参加しやすいような枠組みを整備し、その中で子どもは自ら

自分の行動や情動を調整していくことを学ぶ必要がある。代表的場面としては，朝のお集まり場面やルール遊び場面などの構成がポイントとなる[2]。

(1) 朝のお集まり場面

「朝のお集まり」は，一日の保育のはじまりにあたる活動であり，この活動に比較的落ち着いて参加できるかどうかによって，子どもたちの一日の生活にも影響が及ぶ。このような，朝のお集まり場面の工夫としては，①入室時の声かけの工夫，②座り方や時間の工夫，③お集まり時全体を通しての工夫などがある。このうち，①入室時の声かけの工夫としては，「先の見通しや期待感がもてる声かけをする」「集まった後，何かをしてから入室するなど流れをつくる」などがある。また，③お集まり時全体を通しての工夫としては，「興味をもって参加できるよう，視覚教材や好きな手遊び等を取り入れる」「飽きないよう，時間を短くし，落ち着いた雰囲気をつくる」などがある。

さらに，重要なのが座り方の工夫である。例えば，円形は子どもの人数が少ない場合，互いの顔が見えるので，楽しみを共有しやすいという特徴がある。しかし，多動な子どもが複数いる場合は，一人が立つと他児も刺激されて立ち上がってしまうため，好ましくない。そのような場合は，横一列型，あるいはそれに近い横広がりの形態がよい。この形態で，比較的動きが多い子どもを離して座らせる（例えば両端）と他児が立ち上がっても別の多動な子どもが引きずられることが少なくなる。

(2) ルール遊び場面

多動な子ども，衝動性が高い子どもは，ルール遊びに参加するのが難しいと考えられがちである。しかし，ルール遊びは「気になる」子どもでも，進め方や工夫次第で参加が可能である。むしろ，一度ルールを理解すれば，どのように振る舞えば良いかが理解しやすいため，自由遊びに比べて他児とともに遊び，楽しい時間を過ごすことが容易な場合もある。そして，このような他児とかかわる経験，他児と楽しい時間を過ごす経験を積み重ねる中で，子どもは行動や

情動を調整する力をつけていく。

　日常の保育場面では，子どもの年齢やクラスの特徴によってゲームが選択され，実施されることになる。また，年齢が高くなったり，子どもたちのルール遊びの経験が深まれば，いくつかのルール遊びを組み合わせたり，ゲームを一層複雑にすることもできる。例えば，椅子取りゲームは基本的には個人の勝ち負けを争うゲームであるが，2歳児クラスで実施する場合は，最初は椅子を減らさなくてもよい。また，最後の一人が残るまで実施せず，数人が残った段階で残った子ども全員をチャンピオンにしてもよい。一方，5歳児クラスでは，椅子取りゲームを個人の勝ち負けだけではなく，チーム対抗ゲームにすることもできる。すなわち，最後に数人残った子どもがどのチームに属しているのかによって，チームの得点が加算されるように変形することができる。

　このようなルール遊びを通して，障害のある子ども，「気になる」子どもだけでなく，クラスの他の子どもも同時に成長・発達していく機会が与えられる。このような目的を達成するためには，何よりもルール遊びが楽しいものでなくてはならない。ルール遊びが楽しいからこそ子どもたちもそのような遊びに参加し，そこから自分の行動や情動を調整する力が育ってくるのである。

（3）保育環境の構成

　行動調整や情動調整は子どもの個人の力をつけることによって達成されるだけでなく，子どもを取り巻く環境を整備することによっても可能となる。また，整備された環境の中で生活することによって，行動調整や情動調整の力も育ってくると考えられる。「朝のお集まり場面」のところでも述べたように，子どもの座る位置によっても，子どもの落ち着きやすさは違ってくる。すなわち，①誰のとなりに座るのか，②クラスのどの位置に座るのか，③机と椅子を出して座るのか床に座るのか，④出入り口の近くに座るのか奥に座るのか，⑤子どもが座った位置から何が見えるのか・聞こえるのかなどによって，子どもの行動は大きく違ってくる。

　例えば，衝動性が高く，落ち着きのない子どもがクラスを飛び出す回数を減

らそうとして行った環境配置で失敗する場合がある。子どもが飛び出しにくくするために，入り口から遠い位置に子どもの席を決めても衝動性が高い子どもは相変わらず飛び出す。すると，部屋を飛び出すときに他児の活動を妨害するだけでなく，また自分の席に戻るときにも他児の活動を妨害することにもなり，他児からの否定的評価が増してしまうことがある。その場合，入り口近くに多動な子どもの席を定めると，部屋を飛び出すときにも戻ってきたときにも他児の活動を妨害することにならないため，他児からの否定的評価を受けることが少なく，仲間関係も保持しやすい。むしろ，別の手段で，子どもを少し落ち着かせてから，部屋の奥に席を固定するといった手順の方が望ましいと考えられる。

このように，環境整備の目的は，①制限，②促進，③安定の三つがある[3)]。

環境の整備にあたっては，この三つがバランスよくなされていることが重要である。また，障害児だけでなく，他児の生活に与える影響を考慮した環境配置が必要となる。

5．事例を通してみる保育の実際

ここでは実際の事例をもとに新たに構成した事例から，子どもの特徴に応じてどのような保育の工夫をするとよいのかを考えていきたい。

（1）多動，衝動性が高いADHDの例

> **事例5－1　多動，衝動性が高いADHD（S；男児）**
> Sは注意が持続しにくく，行動調整が困難であるというADHDの行動特徴をもっていた。そのため多動で外から入ってくる刺激にすぐに反応し，集団から逸脱してしまうことが多かった。
> そこで，Ⅰ，Ⅱ期はSが集中できるように個別の声かけをするとともに，クラスの余計な刺激を除き，保育者の近くに座らせるといった配慮が行われた。その結果，Ⅱ期では少しずつ活動に参加することができるようになった。しかし，Ⅲ期になると進級によりクラスのメンバーが変わったことで，Sの行動を

非難する子どもも出現し，他児とのトラブルが多くなった。そこで，保育者は朝のお集まりや設定場面では机を使って座る位置を固定し，トラブル関係にある子どもを意図的に離すことでトラブルを事前に防ぐような配慮を行った。

表5-2 多動，衝動性が高いADHD（S；男児）への保育工夫と経過

時期		子どもの様子	主な対応と工夫
3, 4歳混合クラスの時（3歳）			
前半 I期		・注意が持続せず指示を聞いていないため，活動の途中で別のことをし始める。	・指示を理解しやすくするために，集団対応と個別対応についての保育者の役割分担をして，個別に声かけをする。
		・行動統制がとれないため，外が気になり飛び出してしまう。 ・集団から逸脱するため生活の流れにのれない。	・保育室内の掲示物，棚などを整理し，Sが集中し落ち着いて生活できる環境整備を行う。 ・ストップゲームなどで行動統制の経験をさせる。
後半 II期		・注意力の持続がまだ難しいため，近くにあるものを触りに行くなど小さな逸脱行動はあるが，集団に参加できるようになる。	・注意が逸れた際に声かけが入りやすいように，座席は保育士の近くにする。
4歳児クラスの時（4歳）			
前半 III期		・進級し，同年齢の集団になったことからSの行動が他児に影響を及ぼすようになる。	・他児とのトラブルを事前に防ぐため，一緒に活動するグループの構成や座席の位置を工夫し，Sに誘発されやすい他児を分ける（図5-1参照）。
		・立ち歩いたりするが，活動に興味があり意欲的に参加するようになる。 ・活動中，思い通りにならないと気分が崩れる。	・ルールのある遊びやゲームを取り入れ，ルールを守ることによって得られる楽しみを経験させる。
後半 IV期		・落ち着きがみられてくる。 ・クラス活動やゲームを楽しみながら参加するようになるが，待ち時間などでは動きが多い。	・参加意欲をさらに高めるためにルールのある遊びを工夫する（回数を増やす，活動グループ構成を変化させる，数字や文字などの知的要素を加えるなど）。

図5-1には実際に行った座席の配置図を示してある。ここでは，まずSの注意が持続できない特徴に対してII期から継続して保育者の前に座らせ，保育者に集中できるようにしている。また，Sの机にはSの動きに過敏に反応しない子やSと一緒に遊ぶことが多い子を一緒に座らせている。一方，Sとよくトラブル起こす子どもは，Sの動きが視界に入り過ぎない位置に座らせること

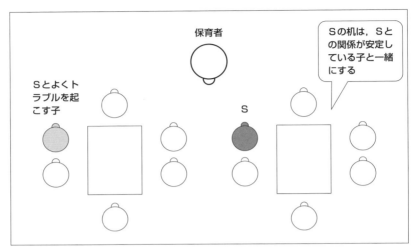

図5-1 机を使用した座席配置の工夫

で，集中して活動に参加できるようになった。その結果，Ⅳ期ではSに落ち着きがみられクラス活動にも参加できるようになった。

（2）一番にならないと気がすまない「気になる」子どもの例

> **事例5-2　一番にならないと気がすまない「気になる」子ども（N；男児）**
> 　Nは顕著な知的な遅れがみられず，診断名はついていないが，他児と「よくトラブルを起こす」ため通常の保育では対応が難しかった。いわゆる「気になる」子どもであった。とりわけ，Nは情動を調整することが難しく，嫌なことが起こると，叩く，物を投げるなどの衝動的な行動が多かった。
> 　まずⅠ，Ⅱ期では，見通しがもてるような配慮を行うことで気分が崩れる場面を少なくすると同時に，ルール遊びをすることで活動に誘っていった。その結果，Ⅲ期になるとルール遊びを楽しいと感じるようになり積極的に参加するようになった。しかしその反面，一番になりたい気持ちが出てきて勝ち負けのある遊びでは負けることを受け入れられなくなった。そこで，個人の勝ち負けをあまり強調しないようにし，チーム対抗のルール遊びを行った。

実際に行った遊びのひとつに椅子取りゲームがある。個人戦である椅子取り

表5-3 一番にならないと気がすまない「気になる」子ども（N；男児）への保育工夫と経過

時期	子どもの様子	主な対応と工夫
3，4歳児クラスの時（4歳）		
前半 Ⅰ期	・気持ちをコントロールする力が弱く，叩く，物を投げるなど衝動的な行動が多い。 ・物への所有意識が高く，満たされないと怒る。 ・場面，状況にかかわらず，自分の思いのままに行動する。	・活動が変わったことがわかるように，活動の区切りを明確な指示で知らせる。 ・朝の集まりを短時間にする。 ・活動内容をNが楽しんで集中できるものにし，隊形も工夫して落ち着いて参加できるようにする。
後半 Ⅱ期	・集団活動に参加できるようになるが，些細なきっかけで気分が崩れることもある。	・見通しがもてる声かけで気持ちの切り替えを促す。 ・ルール遊びを取り入れ，活動に参加している時間を延ばす。
5歳児クラスの時（5歳）		
前半 Ⅲ期	・ルールのある遊びの楽しさがわかり参加するようになったが，一番になりたい気持ちが強くなり負けを受け入れられない。	・チーム対抗のルール遊びを行うことで，チームが協力したり，みんなで勝つことの楽しさを経験させる。
後半 Ⅳ期	・逸脱も少なく，落ち着いてくる。 ・クラスの一員という自覚が芽生え，がんばることが増える。	・「なぞなぞ」や「言葉集め」など知的な要素が入ったゲームを導入し活動への参加意欲を引き出す。 ・ルール遊びをチーム対抗と個人戦に分け，数多く経験させることで，一緒に遊ぶ楽しさや勝つことの喜びから負けることを受け入れられるようにする。

ゲームではNは椅子に座れなくなると気分が崩れ怒ってクラスの外に出て行ってしまった。自分の力では気持ちの切り替えができないため，設定活動中ずっと外にいたこともあった。そこで，椅子取りゲームをチーム対抗戦へとアレンジした。まず，クラスの子どもたちをいくつかのチームに分け，それぞれ別の色の帽子をかぶせることで，自分たちがどのチームかを意識させた。勝敗は最後に残った子どもひとりが勝つのではなく，その子どもが属するチーム全体の勝利とした。このような工夫によって，負ける気持ちへの負担が小さくなった。また「みんなの勝利」は勝つことの喜びを倍増させ，負けてもまたがんば

ろうという気持ちが芽生えてきた。

　Ⅳ期ではクラスの一員としての自覚が生じてきた。このようになると，個人戦で負けてもクラスのみんなと一緒に楽しみたいという気持ちがでてきて，気持ちをコントロールすることが次第にできるようになってきた。

（3）知的な遅れが原因で多動になる子の例

> **事例5－3　知的な遅れが原因で多動になる子（K；男児）**
> 　Kは知的な遅れがあり認識面が低いため，4歳時ではまだ言葉によるやりとりが難しい状態であった。また，集中時間が短く，クラス活動では保育者の話や活動内容をよく理解できず動きが多くなっていた。
> 　そこで，2年間を通じてKが集中できる長さを考慮して活動時間を設定し，Kにわかりやすい環境構成をする配慮が続けられた。その結果，Ⅱ期では言葉によるやりとりが出始め活動にも参加するような変化がみられた。しかし，発達に伴って，Kは自分の失敗に対する他児からの否定的な言葉に敏感に反応するようになり，気分が崩れるといった問題が生じ始めた。そこで環境を再構成することで，うまくいかない事態を少なくしていくようにした。

　実際に行った環境構成の一部を図5－2に示した。この環境構成はKの認識の発達に応じて変えている。AはⅢ期で使用されたものであるが，Kが生活の流れを十分に理解できていない場面で示した。Kは活動と活動の合間に済ませる一連の行動を記憶できず，その都度声かけが必要であった。そこでAのように絵を加えわかりやすいものにした。はじめは，一緒に確認しながら行っていたが，次第に自発的に排泄するなどの行動がみられた。

　BはⅣ期で使用したもので数字や時間に対する認識がみられ始めたときに使用した。Ⅳ期はまもなく就学という時期で，Kも他児と同様に就学にむけて学校で適応できるような力を伸ばしていく必要があった。そこで，どの活動をどれくらいするのか，次の活動はいつ切り替わるのかといったことを視覚的な手がかりを用いて示すことで，時間の流れの中で物事を捉える経験を重ねた。その結果，目標や楽しみをもちクラス活動に参加できるようになった。

　また，Kに対してはわかりやすい環境構成と同時に「仲間集め」「なぞなぞ」

第5章　行動・情動を調整する力をつける保育　69

表5-4　知的な遅れが原因で多動になる子（K；男児）への保育工夫とその経過

時期	子どもの様子	主な対応と工夫
3, 4歳児クラス（4歳）		
前半 I期	・クラス集団全体が落ち着かない状態。 ・集団活動には参加せず，立ち歩いたり，クラスから出ていくことが多い。 ・言葉によるやりとりが乏しい。 ・気に入らないことがあると乱暴な言葉を使う。	・集団とKが活動に集中できる環境構成にする。 ・活動に興味がもてるよう，Kが取り組める活動をみつけていく。 ・視覚的な手がかりも使って，わかりやすい対応をする。
後半 II期	・環境の変化や周囲の状況に影響されやすいため，集中時間が短く，途中から動き出してしまう。 ・言葉によるやりとりが出始め，友達とのかかわりや活動への参加も増える。 ・否定的な言葉に敏感で，感情が高まると抑えられないため，他児を叩く，蹴るなどする。	・お集まりの時間を短くし，集中できる隊形にする。 ・一対一のやりとり遊びなどをすることで，他者とのかかわりの経験を多くする。 ・個人での取り組みが反映されるルール遊びを増やすことで，他児と楽しみを共有する経験をつくる。
5歳児クラス（5歳）		
前半 III期	・活動の合間では歩き回り，排泄などを自発的にしない。 ・注意されると攻撃的になり，切り替えができない。 ・理解力が弱いため，内容が難しくなり苦手だと思うと集団活動から逸脱する。 ・自分の思いや要求を言葉で伝えるのが難しい。	・生活面では声かけがなくても自発的に行動できるように，理解しやすい環境構成にする（図5-2A参照）。 ・視覚的に楽しめるものを使って活動をわかりやすくする。 ・教室内に文字や数字を表示したり，知的な要素を入れたルール遊びを通じて認識面を伸ばす。
後半 IV期	・自分の気持ちを簡単な言葉で伝えられるようになったが，否定的な感情についてはまだ難しい。 ・目標や楽しみをもちクラス活動に参加できるようになる。 ・友達とかかわることが増える。	・少人数グループ構成で，自分について話す活動をする。 ・わかりやすく，知的な興味や関心を引き出す環境構成を充実させ（図5-2B参照），他児と一緒に活動することを安定させる。

など認識面を伸ばすような知的要素が入ったルール遊びを継続して行ってきた。その結果がIV期で時計の長針を利用した環境構成ができるような認識の変化につながり，楽しみながらクラス活動に参加できるようになった。

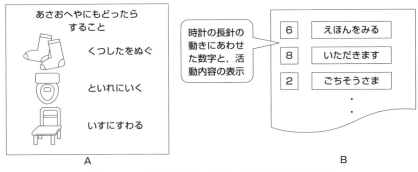

図5−2　生活の流れをわかりやすくする工夫

(4) 情動・行動表出が乏しい自閉スペクトラム症の例

> **事例5−4　情動・行動表出が乏しい自閉スペクトラム症（R；女児）**
>
> 　Rは状況を理解することが苦手で，対人関係がとりにくいといった自閉スペクトラム症の特徴を示していた。また，保育所に入所当初は一人遊びもせず周囲をみているだけといった情動および行動の表出がほとんどみられない状態だった。Ⅰ期では集団の中に加われる方法を探るためいろいろな活動に誘ってみたところ，椅子取りゲームでは集団の動きをまねするようにゆっくり参加することができた。そこで，Rが参加できるルール遊びを繰り返し行った。Rはルール遊びには参加するようになったが，それ以外の場面では表情も硬く，動かないといったこれまでの状態が続いていた。
>
> 　Ⅲ期に入り特定の女児に引っ張られて徐々に様々な場面に加わるようになった。しかしRは自己を表出するようになると，独自の空想世界を話すため他児には理解できなかった。そこで，集団で動くルール遊びをすることで，他児と同じ楽しみを共有する機会を増やしていった。

　一般に，独自の楽しみがある子どもの場合，その世界に固執してしまうと社会的なかかわりができにくくなってしまう。そういった事態を回避するために，他児が楽しいと思うことを一緒に楽しむことを通じて，独自の世界よりも他者と共有する世界を楽しいと思える経験を積み重ねる必要がある。その経験により興味・関心の範囲が広がり，場面にあった情動の表出や行動の表出が可能と

第5章　行動・情動を調整する力をつける保育　71

表5-5　情動・行動表出が乏しい自閉スペクトラム症（R；女児）への保育工夫とその経過

時期	子どもの様子	主な対応と工夫
3, 4歳混合クラスの時（3歳）		
前半Ⅰ期	・ほとんどしゃべらず，質問しても返事をしない。 ・他児とのかかわりや，一人遊びをすることもなく，周囲を見ている。	・椅子取りゲームなど，集団が一斉に動くルールであれば参加できるため，取り組めそうなルール遊びをすることで他者と活動を共有する経験をつくる。
後半Ⅱ期	・ルール遊びに参加するようになる。 ・自由遊びでは一人遊びができるようになったが，他児とかかわることはほとんどなく，同じ場所から動かない。	・リトミックと合わせたストップゲームなど動きにバリエーションを加えて行い，他児と一緒に参加できる遊びを増やす。
	・遊びの終了など状況を理解することが難しい。	・見通しをもてる声かけを個別に行う。
4歳児クラスの時（4歳）		
前半Ⅲ期	・他児（女児）に引っ張られるような形でいろいろな場面に参加するようになる。 ・ルール遊びへも積極的に参加するようになる。 ・独自の空想の世界をもち，周囲にはわからない話をする。	・チーム対抗ゲームをすることで，集団と一緒に何かをすることへの意識を高める。 ・わかりやすいルール遊びを通し，他者と同じ楽しみを共有する機会を増やす。
	・理解に部分的な隔たりがある。	・今の状況がわかりやすい環境構成にする。
後半Ⅳ期	・自分がやりたい遊びなどを言えるようになる。 ・自分から他者とかかわり，表情が豊かになる。	・Rにとって興味や関心のある遊びを設定し，楽しんで取り組めるようにすることで，自分を出せる機会を増やす。
	・新しいことには慣れにくく，活動の切り替えが難しい。	・活動は連続性をもたせ，小さい変化から柔軟に対応できるようにする。

なると考えられる。実際にRは，Ⅳ期では自分がやりたい遊びなどを提案するようになり，クラス活動を楽しんで参加できるようになった。

6．集団の中での自己の発達

これまで述べてきたように，行動調整や情動調整は，子どもの行動調整能力や情動調整能力が高まることによって可能になるだけでなく，子どもを取り巻

く物的環境や子どもに対する保育者の働きかけである人的環境を調整することによって可能になる。また，子どもの特徴にあった調整が行われた環境の中で過ごすことにより，子どもは行動調整能力や情動調整能力を獲得していくと考えられる。

例えば，物的環境の調整やルール遊びとの関係で行動調整，情動調整の発達の過程をみると次のようになる。

① 環境の調整による適応：物的環境の調整により，あまり興奮する場面がなくなり，落ち着いて過ごせる時間が多くなる。

② 外的調整：人的環境刺激の調整により，興奮したり大きく逸脱する前に保育者の声かけによって行動調整，情動調整が可能となる。

③ 取り入れ的段階：ルール遊び（ルールが明確に示されている遊び）に楽しく参加することにより，行動調整，情動調整が可能となる。

このように，行動調整，情動調整ができるようになることは，単に集団場面に適応することだけでなく，子どもの楽しみの範囲を広げ，有能感を獲得していくことにもなる。それはまた，子どもの活動や対人関係の広がりの機会を与えることになる。すなわち，行動調整，情動調整の発達は，子どもの自己と社会性を同時に発達させることにつながってくると考えられる。

■引用文献

1）長沼君主：「自己決定性，関係性，有能性」（海保博之・楠見孝監修：心理学総合事典，第14章2節），pp.338-340，朝倉書店，2006
2）本郷一夫編著：保育の場における「気になる」子どもの理解と対応―特別支援教育への接続―，ブレーン出版，2006
3）本郷一夫：「保育環境・体制の整備とその方法」（柴崎正行・長崎勤・本郷一夫編著：障害児保育，第8章），pp.137-155，同文書院，2004

第Ⅱ部 障害児保育の実際―共に育つ保育の進め方―

第6章
子どもの運動能力を育てる保育

1. 運動発達と障害児保育

　障害のある子どもおよび「気になる」子どもに対する保育において，子どもの運動発達に焦点をあてた保育実践は，これまで，あまり注目されていなかった。実際，表6-1の調査[1]によれば，保育者の「気になる」子どもの支援目標の優先順位は，社会性が1位で，運動発達は最下位の順であった。これは，「気になる」子どもをもつ保護者も同様の傾向が示されている[2]。

　一方，同じ調査で明らかになった別の結果を図6-1に示す。この図は，「気になる」子どもの運動側面と，それ以外の発達側面について，保育者がどの程度「気になる」のかを聞いた結果をもとに，それらの関連性を示したものである。例えば，言語理解や言語表出が「気になる」保育者は，指示した通りに体を動かせない（指示運動）ことが気になる傾向があると推測された。つまり，

表6-1　保育者の「気になる」子どもに対する支援内容の優先順位

	1位	2位	3位	4位	5位	合計
社 会 性	43.3	40.3	7.5	9.0	0.0	100.0
情緒発達	34.3	38.8	14.6	7.5	4.5	100.0
言語発達	9.1	9.1	37.9	30.3	13.6	100.0
知的発達	7.6	6.1	30.3	36.4	19.7	100.0
運動発達	4.5	6.1	9.1	18.2	62.1	100.0

※数字は，順位を選択した人の割合（％）
※この順位は統計的にも支持される（KendallのW＝0.42, p＜.01）

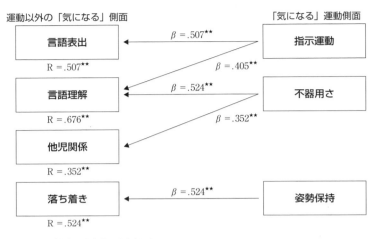

重回帰分析結果をもとに図示した．
R：重相関係数，β：標準化偏回帰係数，**：p＜.01

図6－1　「気になる」運動側面からみた他の「気になる」側面との関連

　保育者は，運動発達において「気になる」面を運動以外の発達領域と関連させながら，認識しているのである[1]。

　すなわち，障害のある子どもや，「気になる」子どもの支援目標が運動以外の発達領域であったとしても，実際の保育場面においては，運動発達の問題とも関連づけながら展開しているのである。むしろ保育における多くの日常的な時間が，身体的な運動場面であることを考えれば，その運動発達を積極的に把握し，活用していくことが，障害児保育の充実に貢献するのである。

　そこで，まず運動発達の一般的特徴について触れた上で，運動側面を捉える方法や，運動側面と関連させた保育目標の立て方を，実際の事例をあげながら説明していく。

2．運動発達の一般的特徴

（1）運動発達の道すじ

　これまでの研究から，運動発達は，把握反射や吸てつ反射，緊張性頸反射などの反射を中心とした段階から，次第に自らの意志で手や足，体幹などを操作することが可能になる，いわゆる「体を動かす」初歩的運動段階に移行する。次いで，日常生活に必要となる「歩く」や「走る」，「つかむ」などの基本的な動きを獲得する基本的運動段階へと発達していくと言われている[3]。その結果，本来的に有している運動素質と環境との相互作用をもとに形成された動きが，それ以降の様々な場面で活用されていく。例えば，日常生活の活動や学業，作業などで活用することや，その動きの質を高め，各種スポーツ活動へと広がりをみせていくのである。

　しかし運動発達の最終目標は，エリートスポーツと言われる「より高く，より強く，より速く」といった動きを極めたものだけを指すものではない。日常生活をより豊かなものとして，環境や状況に運動機能を適応化していくことが，運動発達のもつ方向性のひとつである[4]。それを図示したものが次頁の図6－2である。

　したがって，障害児保育における運動発達の目標は，現在から将来にわたる様々な環境において，活用可能な運動機能を活性化させておくことである。言いかえれば，個々のもつ様々な動きを，保育の中で引き出すことである。また，そうした動きを継続的に機能化していくための十分な体力を養う必要もある。

（2）様々な動き

　幼児期の動きには，「走る」，「歩く」，「つかむ」，「投げる」，「転がる」など，非常に多くのものがある。そのため，これまでの研究で，これらを分類する試みがなされてきた。しかし，その多様性や運動発達の方向性に対する考え方の違いから，一定の了解を得ていない[5]。ここでは，運動保育の内容を考える上

76　第Ⅱ部　障害児保育の実際―共に育つ保育の進め方―

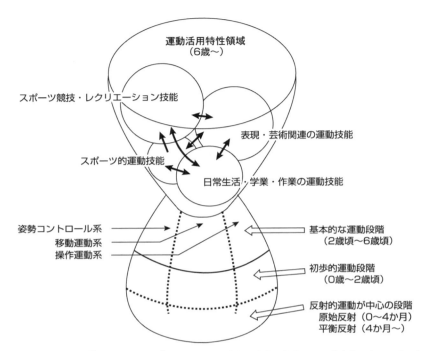

ガラヒュー（1999）[3]，近藤（1984）[4] などを参考に筆者が独自に作成した。基本的に上にいくほど，動きが随意化・巧緻化していく。下の台が大きければ上の杯の容量は増えるようにイメージした。上の杯には各運動活用領域を球で示した。それらは個人差が大きいため，個人によってそれぞれの大きさが異なる。また年齢については，あくまでも目安であり確定的なものではない。

図6－2　生涯を通した運動発達のおおまかな流れ

で，比較的有益と思われる分類をあげておく。すなわち，表6－2に示した「姿勢コントロール」，「移動運動」，「操作運動」の3分類である[6]。表6－2は主に，幼児期以降の運動活動場面にみられる動きを示している。以下に，乳児期を含めて解説を加える。

1）姿勢コントロール

　乳児期であれば，「座位」や「つかまり立ち」などがみられる。幼児期以降になれば，「屈伸」や「ストレッチング（柔軟運動）」，「倒立」などの**姿勢形成と保持**，そしてダンス等の「ツイストからターンをする動き」や「回転」など

表6-2　運動様式の分類例

基本的運動段階の運動様式		
姿勢コントロール	移動運動	操作運動
屈伸	歩く	投げる
ストレッチング	走る	捕る
ツイスト―ターン	跳ぶ	蹴る
倒立	ホップ	打つ
回転	スキップ	ボレー
着地―停止	滑る	突く
回避	跳び越す・またぐ	転がす
バランス	のぼる	・
・	・	・
・	・	・

（ガラヒュー（1999）[3]を参考に筆者が作成した。）

の**姿勢変換**などが可能になる。保育場面では，「すべり台で姿勢を保持して滑る」ことや，「不安定なタイヤの上で座ったり，立つ」などが該当する。そして段階的には，より不安定な状況の中でも姿勢を保持できる方向性が示される。

2）移動運動

乳児期を含めた発達初期では，単純な「寝返り」や「つたい歩き」，「ひとりで歩く」，「走る」から，状況に適応した「飛び越える」，「くぐる」，「のぼ（登・昇）る」など，様々な方向の**駆動系運動**が加わる。それと同時に，「方向を変える」や「スピードを変える」などの**制御系運動**が加わる。すわなち，移動運動は，その状況に応じた身体各部位を協調させていきながらバリエーションを広げていくのである。

3）操作運動

乳児期であれば，物を「つかむ」，「つまむ」，「動かす」，「放す」などの動きがみられる。幼児期以降になると，保育場面において，ボールなどの物を「投げる」，「捕る」，「蹴る」などの動きから，バットなどの物を使って，ボールなどの物を「打つ」などのより高次な動きがみられるようになる。それらに加え，

例えば，物を構成し，「ブロックで飛行機をつくる」などの動きがみられる。すなわち自分の周囲にある物の特性に応じて，自分の身体部位を協調させていきながら動きを**巧緻化**させていく方向性がみられる。

3．子どもの運動発達を捉える方法

(1) 運動側面に焦点をあてた検査の概要

子どもを対象とした運動側面のアセスメントは大きく二つに分けられる。ひとつは，発現されている動きによる最大パフォーマンスをもって，その子どもの運動能力として評価するものである。もうひとつは，課題に対する動きが発現されるか否かという合否判定型[7]である。

(2) 運動能力パフォーマンスを知るためのアセスメント

子どもの運動能力パフォーマンスを把握する上で，比較的文献や論文などに用いられるものが「**幼児運動能力テスト**」である。測定項目（テスト種目）は，「25m走」，「往復走」，「立ち幅跳び」，「ソフトボール投げ」，「テニスボール投げ」，「両足連続飛び越し」，「体支持持続時間」，「捕球」の8つである。対象年齢は，4歳前半から6歳後半までである。それぞれの記録を，「運動能力判定基準表」（男女別・年齢別）をもとに，5段階評定し，運動能力特性を明らかにしようとするものである[8]。

このタイプの運動テストは，障害のある，なしに関係なく，子どもの最大運動能力パフォーマンスを知りたい場合に有効である。しかし最大運動能力パフォーマンスは，例えば，25mを全力で最後まで走り通すには，それ相当の動機づけが必要とされる。認知発達上，課題の理解が困難な場合や，注意や衝動性の問題があれば，ゴールに向かって全力を出し続けることは難しい場合がある。すなわち，障害特性によっては，テスト結果が本人の最大運動能力パフォーマンスを十分に反映していない場合があることを理解する必要がある。

（3）動きの発現状況を知るためのアセスメント

　障害のある子どもや「気になる」子どもの場合，25 m を「何秒」で走れるのかを知ることより，発現されている動きが，発達上どの段階なのか，どのような運動が得意なのか不得意なのかを広範囲に捉えたい場合がある。また発現されている動きの発達的意味を知ることは，運動保育や保育全体を考える上で重要な情報になる。ここでは，それを知る上で参考となる検査の代表的なものを紹介する。

1）狩野式運動能発達検査

　狩野式運動能発達検査（「狩野・オゼレッキー運動（能）発達検査」と呼ばれることもある）[7]は，日常的に年齢相応の動きが発現されるかが重要な評価ポイントになっているものである。対象年齢は 4 歳以上で，課題内容は 4 つある。すなわち，(A) 平衡機能，(B) 全身運動の協調性，(C) 手指運動の協調性，(D) 分離運動または模倣運動（左右の手，または上肢と下肢に対して別々の運動課題を与えるもので，多くは検査者の模倣運動としての要素が含まれる）である。それらの検査結果をもとに運動能発達指数を算出する。

2）ムーブメント ABC（Movement Assessment Battery for Children）

　狩野式運動能発達検査は，運動発達全体を捉えようとした検査であるが，運動発達の一部の側面を詳細に把握するための検査がある。例えば，近年，不器用な子ども，とりわけ運動以外の問題はなく，協調運動だけが努力を重ねても改善しない障害，**発達性協調運動症／発達性協調運動障害**（Developmental Coordination Disorder：DCD）が世界的に関心を集めている。こうした協調運動発達を知る検査として注目されているのがムーブメント ABC である（現在，第 2 版）。

　対象は DCD だけでなく，自閉スペクトラム症／自閉症スペクトラム障害，不器用な障害のない子どもにも検査が行われている（詳しくは，辻井・宮原 (2002)[9] などを参照）。

　日本では標準化作業が十分に行われていないため，今後の研究活動に大いに期待し，早期に日本の保育教育現場などで活用できることを望む。

（4）その他のアセスメント

1）MEPA（ムーブメント教育プログラムアセスメント；メパ）

　ムーブメントABCと同様に，「ムーブメント」の言葉が含まれているが，この検査のもつ性格は，それと異なるので注意が必要である。この検査は，フロスティグ（Frostig, M.）のムーブメント教育理論を背景としたムーブメント教育プログラムなどを実施するために必要な子どもの状態把握を目的としたものである[10]。

2）一般的な発達検査

　一般的な発達検査の中には，運動発達をアセスメントできるものが含まれているものがある。具体的には，日本版デンバー式発達スクリーニング検査（JDDST）や津守式乳幼児精神発達質問紙検査には，運動発達分野の項目がある。遠城寺式乳幼児分析的発達検査法では，「運動」領域があり，さらに下位領域として「移動運動」と「操作運動」が構成されている。

4．障害のある子どもの運動側面の現状と課題

　ここでは，実際の保育事例を示しつつ，障害のある子ども，または「気になる」子どもの運動側面についての現状をみていく。

（1）運動経験

　幼児期の運動発達課題のひとつは，様々な動きを発現することである。したがって，保育場面において，発達段階に応じた動きを発現できるような機会をつくることが重要となる。しかし障害のある子どもの中には，いろいろな理由で，そうした運動経験が得られないままでいる子どもがいる。例えば，脳性まひなどの肢体不自由の子どもの中には，幼児期から，PT（理学療法士）やOT（作業療法士）などによる歩行訓練や様々な訓練などを受けている場合がある。それは，将来的な自立活動の幅を広げるために必要である。

　また，自閉スペクトラム症／自閉症スペクトラム障害や知的能力障害（出生

後まもなくわかる障害以外）の子どもの中には，診断される時期が3歳頃であることが多い。ちょうどその頃は，歩行も完成し，いたずらを含めた様々な動きを発現している時期である。しかし，この時期に障害があると診断された子どもの保護者の中には，障害を受けとめきれないために，いろいろな診療機関に子どもを連れて歩いたり（ドクターショッピング），我が子にとって望ましいと思う療育環境を探しまわり，複数の機関をかけもちする姿がみられる。それらは，否定されるものではない親の心理的反応である。

このような状況にある障害のある子どもは，主体的に自分の体を動かす機会を多く得ていない。したがって，その限られた保育環境の中で，系統的な**主体的運動経験**を与える工夫が必要とされることは言うまでもない。

（2）活動参加

体の不自由さや知的能力障害，発達障害などの障害のある子ども，そして「気になる」子どもの動きをみると，その**動きのパターン**が，同年齢の子どもに比べて少ないことに気づくことがある。特に知的能力障害や発達障害のある子どもは，一見すると動きの面で問題がないようにみえるが，実際は，非常に限られた**動きのパターン**で，みんなと同じ活動をしている。例えば，次のサッカーごっこをしている子どもたちの様子（事例6－1）をみて欲しい。

> **事例6－1　サッカーごっこ**
>
> 　知的能力障害のある年長のA君も同じ年齢の子どもと同様にサッカーは好きで，年少の頃からボールを「蹴る」動きが多くみられていた。A君は，軽度の知的能力障害のある男児である。言語表出・言語理解ともに，ほぼ3歳程度の発達水準である。身体発育上の問題はなく，運動発達面においては，一般の発達検査では問題はないと理解されていた。A君の幼稚園は自由保育中心で，A君に対して加配の先生を配置しているわけではない。しかし，年少から1クラス編制で持ち上がり続けていること，A君自身が温厚な性格といった特徴もあり，A君に対して肯定的にかかわる子どもの数は多かった。
>
> 　さて運動場面であるが，年少の頃のサッカーは，ボールのところに集まり，「蹴る」だけの動きで楽しめていた。しかし年長になってくると，ボールを

> 「蹴る」だけでなく,「とめる」や「ドリブル」などの動きを発現している子どもたちを多くみることがある。
> 　その中でA君は,年長になっても「蹴る」動きだけしか発現できていないため,年長の集団でサッカーをすると,ボールがきても「蹴る」のみに終始してしまう。また,ボールをキープすることが難しいため,他の子どもが取ってしまう。他の子どもは比較的長くボールをキープするため,相対的にボールタッチする機会が少なくなる。それでも,A君は,ボールに向かって走り,ゴールとは反対の方向であっても,自分の正面方向に,しっかりと力強く蹴り込むのである。

　こうした障害のある子どもの**動きのパターンの少なさ**,言いかえると,動きのバリエーションの広がりのなさは,先述した生まれてからの学習環境の影響もあるが,障害による生来的な機能や発達特性による運動遂行の困難さも影響する。したがって,この例のように,**動きのパターンの幅が他の子どもと異なりはじめると**,障害のある子どもは,活動自体に興味を失い,結果的に,活動に参加することを避けることが少なくないのである。こうした場合,2方向の保育目標を立てる必要がある。ひとつは,動きのバリエーションを広げる方向性と,もうひとつは今ある動きをもとに運動を楽しむ方向性である。どちらかでなく,両者をバランスよく,保育の中に織り込むことが望まれる。

(3) 対人交流

　実際,子どものもつ動きにバリエーションがあれば,いろいろな活動に参加する可能性が広がる。それと同時に,その活動に参加する他児との交流機会の可能性が高まると考えられる。逆に,動きにバリエーションがないと対人交流の機会が減る可能性がある。例えば,ある運動の不器用さのある「気になる」子どもの以下の事例を紹介する。

> **事例6-2　対人交流と動きのパターン**
> 　保育所年中組のB君は,障害診断はされていないが,仲間に合わせて遊べな

> い，時々，見境なく怒り出す，文脈に関係ないことを突然話し出すなど，保育者は「気になる」子どもとして捉えている。そして，運動面では，「走る」動きは得意だが，「投げる」動きにはぎこちなさが残っている。その点は，B君自身も気づいているようである。そのため，友達から「ボールで遊ぼう」と誘われると，決まって「それより鬼ごっこしようよ」と提案する。はじめは，友達もB君からの提案にのっていたが，次第に拒否し始め，周りの子どもはB君を遊びに誘わなくなっていった。結果的に，同年代の子どものように遊びの広がりについていけないまま，限られた「動きのパターン」に終始する「鬼ごっこ」系の遊びを，年少の子どもたちと興じる姿が多くなった。

このように，**動きのパターン**の問題だけではないにしても，その問題が，対人的交流範囲を限定する要因のひとつになっている可能性が指摘できる。一方，本郷（1998）は，三輪車に「乗る」という動きを獲得した幼児において友達との交流機会が増えたことを報告している[11]。つまり動きのバリエーションに広がりがみられるということは，単に運動発達的意味があるのではなく，社会性など，他の発達との関連においても重要な意味があると言える。

5．保育目標の立て方

ここでは，障害のある子どもや，「気になる」子どもの運動面の現状を踏まえ，どのような保育目標をどのように立てていくかについて検討する。

（1）一人ひとりの状況に応じた運動環境づくり

障害のある子どもの運動経験は，いろいろな理由から，断片的であったり，継続的でない場合がある。また，一見すると運動面に問題がないようにみえる知的能力障害や発達障害の子どもは，発現している運動パターンが限定的な可能性がある。

これらの点から，運動に関する保育目標に必要とされる観点は，①動きや興味・関心などの**現在の状況の把握**，②**期待される動きのアセスメント**，③その

動きを発現するための**運動環境**の構成，である。

そのうち**運動環境**については，対象の子どもの興味などを活用することや，場面を限定するなどの保育計画を立てる。このとき重要なことは，**期待される動きを**，あらかじめ**現在の状況**から系統立てて計画することである。この点について具体的な以下の事例を示す。

事例 6 - 3　砂場のさらさら砂

　障害児通園施設（児童発達支援センター）を併用しているＣさんは，知的能力障害のある 6 歳年長の女児である。発語は単語レベルで，理解は 2 歳 6 か月程度と指摘されている。今年度から，週に 2 回程度，地元の保育所を利用している。Ｃさんは，登園すると決まって砂場で過ごす。そのことから保育者は，主体的な運動発現機会が比較的多い砂場に限定して保育計画を考えることにした。そして，既に発現されている動きや興味・関心などを評価し，ここから引き出せると思われる動きを検討した。その結果，「現在の状況」は，砂を「触る」，「握る」という動きと，その「握る」動きによって生じる，こぶしの間から流れ落ちる砂を見ることに興味を寄せていた。また「期待される動き」として，ほとんど片手のみの動きであったが，時々出現していたので「砂を手前に寄せる」動きと，これまで片手のみで砂を持ち上げていたので「両手で砂を持ち上げる」動き，さらに別の場所に「砂を両手で運ぶ」動きを目標に，保育計画を考えた。すなわち，目標達成のため，砂を主体的に操作する機会を構成していくこととした。具体的には，Ｃさんが特に好きな水気のないさらさらした砂（さらさら砂）を用意し，Ｃさんが座る位置から少し離れたところに，その砂山を置いた。保育者がモデルを見せる計画だったが，既に自発的に，自分のところに「さらさら砂」を引き寄せる動きがみられた。1 か月後，保育者が，Ｃさんの手前にある砂山から，「さらさら砂」を取ろうとする仕草をすると，Ｃさんは，その砂を取られないようにするために両手で砂を持ち上げるようになった。この頃，高い位置から砂がこぼれ落ちるのを注視し続け，何度もその動きを繰り返した。それから 5 か月後，Ｃさんは，砂をこぼさないように「砂の量によって手の形を変える」，「目的のところまで運ぶ」，「スピードを変えて砂を流し落とす」など，様々な動きを行っていた。さらには，色砂を使って○などの形づくりにもチャレンジしていた。

このように，対象となる子どもの運動や興味・関心の**現在の状況**や**期待され**

る動きのアセスメント、さらに物理的状況などを踏まえた上で、目標を設定し、**運動環境**を構成することにより、限られた頻度の中であっても、動きが系統的に発展することが期待されるのである。

（2）自信がもてる保育

　障害のある子どもや「気になる」子どもの中には、動きのパターンが限定的で、同年齢が行っている運動活動に参加することに対して消極的であったり、運動経験が十分でないために、成功経験や**運動達成感**を感じる機会が少ない場合がある。これでは、動くことや様々な活動に参加することに、消極的になる可能性がある。そこで、個々の子どもの運動特性を踏まえた上で、動きのパターンを単に広げる保育だけではなく、動きの**現在の状況**をもとに運動を楽しむことを中心とした保育も重要である。例えば、次のような保育事例がある。

> **事例6－4　車イスのダンス**
> 　幼稚園と療育施設を併用している下肢まひのDさん（年長女児）が幼稚園で運動会のダンスの練習をしたときのことである。両機関を併用しているため、Dさんは、他の子どもに比べ、練習が積み重ならない。それに加え、Dさんは、その障害のため、杖や車イスを使って移動している。したがって、ダンスでは、両足を音楽に合わせて、スピーディに動かすことは機能的に困難である。さらに立位の際には、杖を両手で持つため、両手の動きをとることができない、などの制約があった。そこで保育者は、このままでは、Dさんが自信をなくすと考え、各グループにソロパート（2、3人がダンスの真ん中で、各自のオリジナルダンスをする）の部分を設けた。Dさんは、車イスを使ったダンスを考え、クラスのみんなに発表したところ、大変好評を得たのである。実際、運動会の当日は、周りの子どもたちが、リズムに合わせて手拍子をしている中、リボンをつけた車イスに乗り、パートナーの友達と手を取り合いながら、くるくると何度も巧みに回っていた。これがきっかけになったのかわからないが、運動会以降、クラスの中でもものおじしなくなり、積極的に友達の輪に入り、友達もDさんを自然と受け入れているようにみえた。

このように，運動を通して自分に自信をもたせる保育は，障害のある子どもにとっては重要である。例えば，ADHD の子どもの中には，日常的に，注意や叱責など，否定的なかかわりを受けることが多い。そのために，自己肯定感が低い子どもが多いと言われている。そのなかで，中山・田中の報告によれば，ADHD の子どもの自尊心が運動に関する自己評価と関係することを示唆している[12]。すなわち，ADHD の子どもが自分を肯定的に感じる場面のひとつに運動場面があげられるのである。

(3) 運動好きを育てる保育

障害のあるなしに関係なく，幼児・学童期に様々な肯定的な運動経験を子どもに与えることは，生涯を通じて**運動を親しむ態度**を育て，その結果，本人の生活の質を豊かなものにする可能性を広げることになる。しかし，障害のある子どもの多くは，義務教育終了後，または高校卒業後，途端に，外出が減り，運動機会が減ることが指摘されている。その理由として，場所がない，教えてくれる人がいない，みんなと同じようにできるか自信がない，といった声がきかれる[13),14)]。その中で，これまでの運動経験のうちで楽しい経験がないために，運動したくない人も少なくない。次の事例がそれにあたる。

> **事例 6 − 5　スポーツには楽しい思い出がまったくない**
> 　認知の発達には遅れがみられない自閉スペクトラム症の青年 E さんが私に尋ねた。「自分には余暇で楽しめるものがない。健康を考えると（体を動かすための）スポーツがよいと思う。何かスポーツをしたいが，自分が今までやってこなかったものを教えて欲しい」と言われた。そこで，「やってこなかったもの」という発言の部分が気になり，「それはなぜですか」と尋ねた。すると彼はこう言った。
> 　「自分が今までしてきたスポーツには楽しい思い出がまったくないのです」

つまり重要なのは，単なる運動経験ではなく，またうまくできることだけでもない。運動を好きになるような保育を行うことが，将来的に，その人の生活や健康に役に立つ可能性をもたせるのである。

サッカーを例にすると，みんなと同じようにボールをゴールに蹴り込むことだけを目標にするのではなく，自分のお気に入りの選手にどれだけなりきれたかを競うことや，サッカーのルールや選手のもの知り大会など，多面的にスポーツを楽しめる方法を導入してみる。または，チームの中に「スペシャルな人」を決め（人数はチーム状況で決め，障害のあるなしに関係なくなれる，など，ルールは様々である），その人がボールを持ったら，フィールドの中にいる選手全員がゆっくり 10 秒（これも状況に応じて変更）数え，その間，その場に止まらなければならないなどのルールをつくるのである。

以上のような運動発達に着目した障害児保育，とりわけ運動活動を通した「自分」や「活動すること」，「みんなと一緒でいること」に自信がもてるような保育を展開することは，障害のある子どもや「気になる」子どもの地域生活における主体性を広げるものになると期待している。

■引用文献
1）澤江幸則：「発達的に「気になる」子どもの運動発達支援に関する研究 I ― 保育者の認識に着目して」，日本体育学会第 58 回大会予稿集，356，2007
2）澤江幸則：「発達的に「気になる」子どもをもつ保護者の運動発達に対する認識について」，家庭科教育研究所紀要，31，16-25．2009
3）ガラヒュー，D. L.，杉原隆監訳：幼少年期の体育 ― 発達的視点からのアプローチ，大修館書店，1999
4）近藤充夫：「子どもの運動発達と運動保育」（赤塚徳郎・調枝孝治編：運動保育の考え方　序章第 2 節），pp.13-17，明治図書，1984
5）ヘンダーソン，E.：「運動発達における問題 ― 理論的問題点」（辻井正次・宮原資英編著：子どもの不器用さ ― その影響と発達的援助　第 1 章），pp.3-54，ブレーン出版，2002
6）澤江幸則：「身体・運動の発達」（本郷一夫編著：シードブック保育の心理学 I・II），pp.61-72，建帛社，2011
7）村瀬智彦：幼児の体力・運動能力の科学 ― その測定評価の理論と実際（出村

慎一監修），ナップ，2005
8) 森司朗・杉原隆・吉田伊津美・筒井清次郎・鈴木康弘・中本浩揮・近藤充夫：「2008年の全国調査からみた幼児の運動能力」，体育の科学，60(1)，56-66，2010
9) 辻井正次・宮原資英：子どもの不器用さ—その影響と発達的援助，ブレーン出版，2002
10) 小林芳文：ムーブメント教育実践のためのムーブメント教育プログラムアセスメント手引，日本文化科学社，1985
11) 本郷一夫：「子どもの対人世界をみつめる」(長崎勤・本郷一夫編：能力という謎　第9章)，pp.198-220，ミネルヴァ書房，1998
12) 中山奈央・田中真理：「注意欠陥／多動性障害児における自己意識の発達（5）—「自己評価」と「自尊心」の関連から」，日本特殊教育学会第44回大会発表論文集，702，2006
13) 坂口正治：「障害児・者の余暇活動—横浜市の知的障害児・者のレジャー・レクリエーション活動の実際（そのⅡ）」，スポーツ健康科学紀要3，19-29，2003
14) 米山岳廣：知的障害者の文化活動，文化書房博文社，1998

第Ⅱ部　障害児保育の実際―共に育つ保育の進め方―

第7章　子どもの仲間関係とクラス集団を育てる保育

1．子どもの仲間関係の発達

　仲間関係とは，比較的年齢の近い子ども同士の関係をいう。保育所や幼稚園など，集団生活の場での仲間関係の発達を表7－1に記した。

　子どもは0歳の時期から他児に関心を示す。他児が持っている物を取る，あるいは取られるという経験をするようにもなるが，否定的なかかわりばかりでなく，子ども同士が同じ行動をして共感し合う姿や，他児と保育者が楽しそうに遊んでいる中に入って一緒に遊び出す姿も見られ始める。

　1歳児では一人の子どもがテーブルにコップを打ち付けると向かい側に座った子どもも同じようにして笑顔を向け合うなど，同じ行動をして楽しさを共感し合う姿が特徴的である。また，1歳中頃から自分の持っている物を相手が取ろうとすると抵抗や抗議を示す行動が多くなり，1歳後半の時期には物を引き合うだけでなく，相手をたたくなど，相手に直接向けた行動が多くなる[1]。一方，友達の名前を呼ぶ，友達に物を渡しに行くなど，友達についての認識と親愛の気持ちも見られるようになる。

　2歳児では，それぞれが別の絵本を見るのに「一緒に見よう」と並んで見るなど，友達と一緒に行動したがる姿が見られる。また，シャツの模様など，友達と同じであることを見つけて喜ぶ。クラスで何度も読んでもらった絵本や毎日の生活の中でどの子も体験していることをもとにしたものであれば，共通のイメージをもって遊ぶことができるようになる。友達がしたことは自分もした

表7-1 乳幼児期の仲間関係の発達

年齢	内容
0歳	・他児を見て,微笑んだり,発声したり,触ったりする。 ・他児の持っている物を取る。 ・他児と保育者の遊びに入ってきて,共感し合って遊ぶ。
1歳	・同じ行動をして楽しさを共感し合う。 ・トラブルの相手に気づく(物の取り合いから,相手への要請や攻撃へ)。 ・友達の名前を呼んだり,友達の物を渡しに行ったりする。
2歳	・一緒に行動することや持っているものが友達と同じであることを喜ぶ。 ・共通の体験をもとに,イメージを共有して遊ぶ。 ・「自分も」「自分で」と友達との対比で「自分」を意識しながら行動する。 ・トラブルを通して相手の思いに気づいたり,「貸して」とことばで要請したりする。
3歳	・友達と一緒にごっこ遊びをする。 ・仲間の中で自己主張をする。 ・トラブルの場面では,自分の思いを表現し,相手の思いを聞いた後,保育者の解決案を受け入れる。
4歳	・役割関係のあるごっこ遊びを楽しむ。 ・仲間意識をもってグループで活動したり,みんなでの活動に参加する。 ・トラブルの場面では,友達の思いを聞いて自分の要求を調整することもある。 ・自分と他児との違いに気づくとともに,相手を思いやる。
5・6歳	・ルールのある遊びやストーリーのあるごっこ遊びを楽しむ。 ・一つの目的の達成に向けて,役割を分担しながら協同する。 ・自分の思いを表現し,相手の思いを聞きながら話し合う。 ・相手の立場に立って教え合う。 ・自他を多面的に,また,それぞれの変化を捉える。

いという要求が強く,遊具も友達が使っているものが使いたくてトラブルになることもある。しかし,トラブルを通して相手の要求に気づき,「貸して」と要請することや,使い終わったら貸してあげることもできるようになる。

3歳児では,三輪車を連ねて引いて回る,数人でごっこ遊びをするなど,友達と群れて遊ぶ姿が見られる。自己主張がお互いに強まるため,トラブルの解決も容易ではないが,自分の思いをことばで表現できて,相手のことばにも耳を傾けることができると,保育者や周りの子どもの解決案を受け入れるようになる。

4歳児では,友達と役割関係のあるごっこ遊びを楽しむようになる。仲間意識をもってグループでの活動を楽しむ姿や,クラスでの活動に意欲的に向かう

姿が見られるようになる。集団の中での自分を意識するようになるだけに，同じようにできないときには葛藤が生じる。トラブルの場面では，自分の要求を主張するだけでなく，友達の要求を聞いて譲るということもでてくる。自分と他児との違いに気づくとともに，相手を思いやることもできるようになる。

5，6歳児では，ルールのある遊びやストーリーのあるごっこ遊びを集団で楽しむようになる。行事に向けた取り組みでも，一つの目的の達成に向けて，役割を分担しながら協同するようになる。その過程には，自分の思いを表現し，相手の思いを聞きながら話し合うことや，相手の立場に立って教え合う姿も見られる。それぞれの得意なことや苦手なことなど，自分と友達を多面的に捉えるようになる。また，友達の絵がだんだん上手になってきたことなど，自他の変化を捉えられるようになる[2]。

2．障害のある子どもの仲間関係

子どもの仲間関係は，生活や遊びを共にする中で，楽しさの共感やトラブルを経験しながら築かれていく。障害のある子どもの場合も同様であるが，他児との接触を避けるかのように集団から離れて過ごす姿や，反対に，かかわりを求めながらトラブルを繰り返す姿が見られることがある。また，周りの子どもからのかかわりが少ない場合や必要以上に手伝いが多い場合もある。障害のある子どもの仲間関係を築いていくためには，こうした一人ひとりの状況に応じた働きかけが大切になる。そのポイントを表7－2に記した。

(1) 障害のある子どもへの働きかけ

まず，仲間と活動の場を共有できるよう働きかけることがあげられる。保育者との信頼関係を築くことで，安心して過ごせる場や遊びを楽しむ場を広げていけるようにすること，保育室の中に居場所や遊びが見つけられるような環境構成，短時間であっても仲間と過ごす機会を意図的に設定すること等である。二つめには，仲間とのかかわりを通して**自他認識**を育てること，三つめに，障

表7−2　障害のある子どもの仲間関係を育てる働きかけの方向性

（1）障害のある子どもへの働きかけ
① 仲間と活動の場を共有する
② 仲間とのかかわりを通して自他を認識する
③ 要求を表現する
④ 仲間と一緒に遊びを楽しむ

（2）周りの子どもへの働きかけ
① 自分の要求を表現し，遊びを楽しむ
② 障害のある子どもの要求に気づく
③ 障害のある子どもの主体性を尊重しながらかかわる
④ 障害のある子どもを共感的に理解する
⑤ 障害のある子どもの内面に気づく

（3）クラス集団への働きかけ
① 集団で活動に取り組み，遊びを楽しむ
② 一人ひとりが意見を出し合いながら合意を形成する
③ 一人の子どもの問題やクラスの問題を考え合う
④ 一人ひとりの違いを認め，育ち合う

害のある子どもの要求を捉え，それを表現できるよう育てること，四つめに，仲間と楽しさを共感できるよう遊びを豊かにしていくことがあげられる。

（2）周りの子どもへの働きかけ

　まず，周りの子どもも安心して自分の要求を表現し，遊びを楽しむことができるようにしていくことが大切である。障害のある子どもが友達の遊びを見ながら遊びを広げることや共感し合うかかわりも生まれやすくなる。次に，障害のある子どもの要求に気づけるように援助することがある。自分でできることや自分でしようとしているときは手伝わずに見守る，一人でできないで困っているときには手を貸すなど，相手を尊重したかかわりができるように援助したい。三つめに，障害のある子どもの経験や遊びへの共感を通して，その子どもへの理解を進め，かかわり合いを通して内面に気づけるよう援助したい。

（３）クラス集団への働きかけ

　クラス集団への働きかけは，各年齢の子どもの発達をおさえながら進められるが，集団での活動や遊びを楽しむこと，一人ひとりが意見を出し合いながら合意を形成できること，仲間が困っていることやクラスの問題をみんなで考え合えること，一人ひとりの違いを認め合いながら育ち合えることをクラスづくりの方向性としながら働きかけていくことが大切であると考える。

3．仲間関係を築く保育の実際

　本節では，事例をもとに仲間関係を築く保育の実際について考えていく。事例7－1，7－2，7－5，7－7は筆者の観察にもとづくものであり，他の6事例は，本や雑誌に書かれた保育実践の内容を取り上げたものである。

（１）障害のある子どもへの働きかけ
１）保育者との信頼関係をもとに，仲間と楽しい活動の場を共有する

　事例7－1は，幼稚園の4歳児クラスのエピソードである。A男は，入園当初，発語が少なく，やりとりが成立しにくかった。場面にかかわりなく動き回り，集団的な活動の場を抜け出すことも多かった。視線も合いにくいが，部屋を出る前に保育者を振り返るなど，保育者を意識している様子が見られた。そこで，A男が関心を寄せたものや，しようとしていることをことばにして受けとめ，ときには行動を共にしながら関係を築いていくことにした。そうした中で，事例のように「担当の保育者に誘われて保育室に向かおうとする」，「担任の隣に座って集まりに参加する」などの姿が見られるようになる。保育者との信頼関係を築き，一緒に行動することで，仲間と活動の場を共有できるようになってきたことがわかる。

　A男は，歌を歌う場面が好きで，ピアノが鳴り出すと嬉々とした表情になる。障害のある子どもの好きな遊びを共に楽しむ機会をつくったり，クラスでの活動にその子の好きな活動を位置づけたりすることで，楽しい活動の場を共有で

きるようになることを示している。

> **事例7-1　保育者と一緒に集まりに参加する**
> ① 入園して2か月になるが，A男はベランダの端で過ごすことが多い。
> ② 障害児担当の保育者がクラスに誘うと，「あっち」と指さし，自分から保育者と手をつないで保育室に向かう。
> ③ 誘われて保育室に入るが，担任以外の保育者が集まりで話をしている所を通り抜けてベランダに出る。
> ④ 再び担当の保育者に誘われて保育室に入る。
> ⑤ 集まりをする担任の隣に座る。
> ⑥ 担任の保育者がピアノを弾き，歌が始まると，A男は笑顔で飛び跳ねる。

2）友達を意識しかかわる機会をつくりながら，自他認識を育てる

　事例7-2は，A男が入園して半年になる9月のエピソードである。夏休み前のA男は，保育者に頼まれるとクラスのみんなに連絡帳を渡しに行くようになっていた。ところが，この頃はC男の時にしか応じなくなっている。一見，友達との関係が狭まったように見えるが，B男の名前を繰り返していることからもわかるように，友達への関心が薄れてきたわけではない。むしろ，一人ひとりの友達を区別して認識し，特定の友達に親愛の気持ちをもち始めたことを示していると考えられる。

> **事例7-2　友達に連絡帳を渡す**
> ① 帰りの集まりで連絡帳を渡す場面。子どもたちは保育者を囲むようにコの字形に座っている。A男は着席せず保育者の側にいる。
> ② 保育者が持ち主の名前を呼び，子どもが取りにくる。保育者が数回，「○○ちゃんに渡してくれる？」とA男に問いかけるが，「ヤダー」と拒否する。
> ③ 保育者がB男の名前を呼ぶと，A男は確認するようにフルネームで繰り返す。
> ④ 保育者がC男の名前を呼ぶと，C男に視線を向ける。保育者が「C男君に渡してくれる？」と連絡帳を差し出すと，受け取って渡しに行く。
> ⑤ C男に「ありがとう」と言われるのを待って，保育者の所に帰る。
> ⑥ 自分の名前が呼ばれると「はい」と返事をし，いったん保育者から離れて子どもたちの座る位置に戻ってから連絡帳を取りに行く。

保育者の側にいて自分の席に着こうとしないA男であるが，自分が連絡帳をもらう番になると，いったん子どもたちの席近くまで離れてから取りに行っている。後日も同様の姿が観察された。他児がケンケンをしながら連絡帳を取りにくる姿を保育者の隣で見ていたA男は，名前を呼ばれると「はい」と返事をしていったん離れ，両足跳びで保育者の前まで進んでいる。子どもたちが座る場所に座らないからといってA男は周りの子どもたちと無関係に行動しているのではない。むしろ，よく見ていて自分も同じように行動しようとしていることがわかる。連絡帳渡しを拒否するようになったのも，保育者と同じ側にいて他児とやりとりする関係から，自分を他児と同じ側において，保育者と他児とのやりとりを観察し，自分も同じようにやってみようとする関係に変化してきたためとも考えられる。

　連絡帳渡しのはじまりは，A男が他児の連絡帳に関心を示したのを保育者が捉えて，渡すよう頼んでみたことにあるが，その後は保育者が意図的に繰り返している。A男がクラスの子ども一人ひとりの名前を認識するとともに，一人ひとりと友好的にかかわる機会になっており，A男と仲間との関係づくりにおいて大きな意味をもっていたと考えられる。友達の名前がわかるようになると，クラス集団が安心できる居場所になっていく。また，楽しさの共感も深まる。友達を認識できるようになることは，自分を意識することにもなり，友達の行動を見て自分もしようとする姿につながる。「自分も」という気持ちが芽生えることは，遊びの中での経験を広げ，生活場面での行動の習得を促進することにもなる。

3）要求を表現できるようにする

　事例7－3は，自分の要求を出せる集団をクラスの枠を越えて保障し，それが実現する経験を重ねることで，同年齢の中でも要求を出せるようにしていった保育所での実践である。障害のある子どもが要求を出せるようになることで仲間関係が変化することを示している。同年齢のクラスでも，少人数のグループの中では要求が出しやすいこともある。また，障害のある子どものグループ保育の実践では，クラスの中で依存的になりがちな子どもが，グループ保育の

場では他の子どもに働きかけるようになり、クラスの中でも友達関係が広がっていったことが報告されている[3]。

> **事例7-3　自分の要求を出せる集団**
> ① 真介君は3歳児クラスに所属するダウン症の子どもである。乳幼児精神発達診断法（津守式）によると、1歳半から2歳の発達年齢であった。
> ② 生活と遊びを観察すると、「～してもらう」側になりがちなことがわかる。保育者たちは、3歳児クラスでは、真介君の思いをきくことよりも「～してあげたい」ことが先行しているためと捉える。
> ③ そこで、1歳児クラスで夕方の自由遊びの時間を過ごすようにすると、真介君はそのクラスが好きになり、自分から向かうようになる。
> ④ 取り組みを始めて1か月たった頃、1歳児クラスの子どもとボールを取り合い、「ちょうだい」と言われても「イヤ」と言って渡さない（初めての姿）。
> ⑤ 1歳児クラスで遊んでいて、やっと手にしたボールを友達に取られると、泣いて指さす。保育者が手を貸さないでいると、追いかけて取り返そうとする。3歳児クラスでは使っている玩具を友達に取られても取り返そうとしない。
> ⑥ 朝の自由遊びの時間を1歳児クラスで過ごすようにすると、遊びの中で要求を出すようになる。一方、3歳児クラスでも自分のカバンを取られると取り返しに行ったり、「～したい」と要求を出すようになる。
> ⑦ 3歳児クラスではっきりと要求を出すようになると、周りの子どもたちも真介君が自分でできることはさせるようになり、列の途中に入り込もうとする真介君に後ろにまわるように言うなど、対等な立場でかかわるようになる。
>
> （落合他，1987[4] より作成）

友達に物を取られても抵抗しない子どもがいる一方、友達の使っている遊具を取る、作っているものを壊す、突然に友達を押すなど、トラブルの原因となる行動が目立つ場合もある。子どもはトラブルを通して自分の要求を意識化し、相手の要求に気づき、やりとりの仕方を学んでいくが、そのためには保育者の援助が必要である。こうした行動の背景にある子どもの要求をつかみ、それを適切な仕方で相手に伝えていけるよう働きかけていくことが大切である。

4）仲間と一緒に遊びを楽しめるようにする

　事例7－4は，保育所の4歳児クラスから5歳児クラスにかけての実践である。Kくんは仲間を求めている様子があるのに，遊びを抜けてしまい，他の子どもの遊びをじゃましたりする。イメージを膨らませて遊ぶことが難しいためと考えた保育者は，それを意識しながらKくんと周りの子どもたちとが一緒に楽しめる遊びを追求している。

　こうした遊びが見つかると，相手にとってじゃまと見られるようなかかわりは減っていくと考えられる。また，友達と遊びたいのに遊べないでイライラすることも少なくなり，情緒面での安定にもつながるであろう。事例のように，教え合う関係も生まれる。一人ひとりが遊びを見つけ，充実させていけるよう援助するとともに，他児と一緒に楽しめる遊びを見つけ出していくことの大切さがわかる。

事例7－4　遊びを通して仲間関係が変わる

① 4歳児クラスのKくんは，友達とうまくやりとりができない。主担任への依存が強まり，その保育者が他の子どもと少し話をしただけでも怒って攻撃的な態度に出たりするので，周りからこわいと思われるようにもなっていた。

② そこで，もう一人の担任が担当になり，安心できる関係を広げていくと，仲間を求めている姿も見えてくる。

③ Kくんが好きなごっこ遊びを通して仲間とかかわることができるよう，まずは保育者が一緒に楽しんでいく。

④ Kくんと保育者がごっこ遊びを楽しんでいると，周りの子どもも入ってくる。しかし，Kくんがいなくなり，別の遊びをする子どものじゃまをしていたり，ささいなことで怒って友達を泣かせたりしている。

⑤ クラスの子どもたちの遊びの面白さが自分の役や状況をイメージしながらやりとりすることにあるのに対し，Kくんにはそれが難しいためと捉えた保育者は，そのことを意識して遊びを展開し，具体的な手立てをとっていく。

⑥ いろいろなごっこ遊びをする中で，Kくんが一番多くの仲間と楽しさを共感できたのが魔女ごっこである。保育者が魔女になり，姫や王子になっ

た子どもたちを捕まえる（安全地帯や助け鬼のルールのある追いかけ遊び）。一つの遊びの中にいろいろな楽しさがあり，それぞれの楽しみ方で参加できると同時に，一緒に遊んでいる実感がもてる遊びになっていた。
⑦ 遊びを通して広がった仲間関係の中で，Kくんは友達に教えてもらって毎日毎日練習し，こまが回せるようになる。「Sに教えてもらったんだ」と嬉しそうに話す。

(藤井，2007[5])より作成）

（2）周りの子どもへの働きかけ

1）「自分もしたい」と，要求を表現できるようにする

事例7-5は保育所の3歳児クラスのエピソードである。T男はダウン症で，ことばは少ないが，発声や身振り，行動で要求を伝えることができる。この頃，H男は，T男のすることに「だめ！」と言うことが多かった。「だめ」にもいろいろな意味が考えられるが，この事例の場面は，否定のことばの背後に自分もしたいという要求があることを示唆している。否定のことばが要求の表れであるとすれば，「自分もしたい」と表現できることで，相手の行動を否定するかかわりは減るであろう。また，H男のように，ほんの少し同じようにできれば満足するのかもしれない。同じことをしたということが，仲間意識につながることもあろう。何よりも自分の要求を表現し，理解されることが，他児の要求の理解につながっていくものと考えられる。

> 事例7-5　抱っこしてダメ！
> ① 3歳児クラスのH男は，T男が保育者に抱っこされていると，「だめ！」と言う。
> ② 保育者がH男も抱っこされたいのかと問うと，そうだと答える。
> ③ H男は，保育者に抱っこされると満足して降りる。

2）相手の要求への気づきを促す

事例7-3の保育者たちは，3歳児クラスにおいて真介君が「～してもらう」側になりがちなのは，真介君の思いをきくことよりも「～してあげたい」こと

が先行しているためとおさえている。友達を手伝ってあげたいのは，3歳児クラスの子どもの特徴とも言える。しかし，真介君が要求をはっきり表現できるようになると，自分でできることはさせるようになる。周りの子どもたちが真介君の要求や意思に気づくことで，関係が変わっていったものと考えられる。

　障害のある子どもの要求に気づけるよう周りの子どもたちに働きかけることも大切である。相手が自分でできることや自分でしようとしていることに注意を向けられるよう援助したい。また，障害のある子どもが自分の要求や意思を表せるよう保育者が問いかけながら生活を進めることは，周りの子どもたちにとっても相手を尊重したかかわり方を知る機会となる。相手の意思を確かめて手伝うことができるよう，子どもたちに直接働きかけることも必要になる。

3）共感的理解と内面への気づきを促す

　事例7－6は保育所の4歳児クラスの実践である。4歳児は，仲間のことも自分のこともよく見つめるようになり，障害のある子どもと自分との「違い」にも気づくようになると言われる。そのために，障害のある子どもと距離を置き，かかわろうとしない状況が生まれることもある。しかし，事例のように，保育の展開の中で仲間関係は変化する。はじめ，冷ややかな態度をとっていた女児は，班の仲間との話し合いを通して，優ちゃんに対する自分の行動を振り返り，優ちゃんを受け入れるようになる。4歳児は自分と相手との「違い」を認識するようになるだけでなく，相手の経験への共感や遊びの楽しさの共感を通して仲間を理解し，思いやることもできるようになる。共感やかかわりの場をつくりだしながら，相手の内面に気づいていけるよう働きかけることが大切になる。

事例7－6　「違い」を認め，仲間として大切にし合う

① 優ちゃんは3歳で入園し，4歳児クラスに進級した。簡単な会話はできるが，他児に比べて状況や内面を詳しく話すことは難しい様子。運動面や排泄の自立に向けての課題もある。

② クラスの子どもたちに，優ちゃんを受け入れようとしない冷ややかな態度やことばがみられる。ある女児は，当番をしていて配膳の場所に迷って

いる優ちゃんに，何も言わずに指さしだけで教えて，「遅イ」と言ったりする。
③ 保育者は，優ちゃんの経験したことをみんなですることで共感を育てること，遊びの楽しさの共感をつくること，班の中に食事の配膳をする当番を位置づけ，優ちゃんと班の仲間とのかかわりを引き出すことを大事にして保育を進める。
④ 当番をしない優ちゃんに働きかける同じ班の子どもたちに，保育者が「どうしてお当番イヤなんだろうね」と問いかける。一人の子どもが「ミンナ遅イトカイッタカラカナー」と言う。
⑤ この班での話し合いを真剣に聞いていた先の女児は，次の日，「優チャン，オイデー」と隣に誘う。優ちゃんも嬉しそうにやってくる。

(今野，1992[6]）より作成）

(3) クラス集団への働きかけ
1) 一人ひとりの意見を聞きながら合意をつくる

事例7-7は，4歳児クラスの5月末の話し合いの場面である。障害のある子どもの場合，こうした話し合いに参加することが難しいことがある。席に着いていること，話し合いの目的や展開を理解しながら聞いたり話したりすることが求められるからである。しかし，クラスで決めるためには，クラスの一員としてその子の意見を聞いてみる必要がある。子どもたちにそのことを伝えるとともに，理解しやすいように話し合いのポイントを絵に表したり，意見の聞き方を工夫したりすることで，障害のある子どもが意見を表しやすい状況をつくることも大切である。はじめは，問いかけられたことばを繰り返している，あるいは，見つけた絵を指さしているだけのようにみえても，経験を重ねるうちに選べるようになっていく。一方，周りの子どもたちもその子の意見を聞いてみようとするようになる。クラスで合意をつくるプロセスを通して，一人ひとりをクラスの仲間として尊重することを学んでいく。

事例7−7　おやつのメニューを決める話し合い
＜1日目＞
① おやつ作りのメニュー案を出し合い，各自が一つ選ぶと，4案が残る。
② 保育者が席に着かずにいるA男を呼んできて，絵にした4案をさしながら何がよいかを聞く。A男は4つの絵を一つひとつ指さして，その名前を言う。
③ A男は，保育者にどれが食べたいかと聞かれて，ホットケーキを指さす。もう一度聞かれて，「ホットケーキ」と言う。

＜2日目＞
④ 2案にしぼり，どちらがよいかを問うと，ホットケーキの子どもが多い。
⑤ 保育者が席に着かずにいるA男を呼んできて，どちらがよいかを問うと，A男は保育者の言った単語を繰り返す（質問への答えなのか確認できない）。
⑥ 保育者が子どもたちに，前日，A男は何を選んだかを問うと，子どもたちは「ホットケーキ」と答える。保育者がA男に「ホットケーキでいいかな？」と問いかける。明確な返答はないが，A男の意見をホットケーキとみなす。
⑦ 保育者が少数意見の一人ひとりにホットケーキでもよいかを尋ねる。同意が得られてホットケーキに決まる。

2）一人の問題をみんなで考える

　事例7−8は，保育所の5歳児クラスの実践である。K君にとって切実な問題をクラスのみんなで考えている。友達の提案で自分の要求がかなったK君にとっても，K君の要求がかなったことを喜ぶ周りの子どもたちにとっても貴重な体験となっている。こうした積み重ねにより，自分の問題であれ，友達の問題であれ，みんなで相談することで解決していける，困ったときにはみんなに相談してみようと思える仲間への信頼感が育っていくと考えられる。

事例7−8　一人の問題をみんなで考える
① 左手に障害のあるK君は，両手でのあやとりができない。
② あやとりゲーム大会のとき，K君が自分はできないことを保育者に言ってくる。
③ 保育者はこのことをクラス全体に投げかけ，K君のしたい気持ちをクラ

スの中で確かめる。
④ どうしたらＫ君も楽しくできるかを話し合う中で，子どもの中から「ジャアサ，ミンナノテガ　カワリニナレバ　イインジャナイ？」という意見がでる。
⑤ みんなの見守る中，一人の友達の左手とＫ君の右手とで杯を作る。
⑥ Ｋ君も周りのみんなも喜ぶ。

(春日，2001[7])より作成)

3）クラスの問題をみんなで考える

事例7－9は保育所の5歳児クラスの実践である。浩君は自閉的傾向があり，状況を理解して待つことが難しい様子である。保育者は，シャワーが使えることを意味する勲章を取り入れることで，浩君の理解と行動のコントロールを支えようとしている。それによって，周りの子どもたちも浩君にどう働きかけたらよいのかがわかりやすくなっている。こうしてかかわり合う中で，浩君からのことばも聞かれるようになり，楽しいやりとりが生まれている。障害のある子どもと周りの子どもたちとの間で起こる問題も，子どもたちと相談しながら解決していくことで，仲間関係の発展とそれぞれの子どもの成長につなげていけることを示している。

事例7－9　矛盾の解決を通して仲間関係が深まる
① 浩君は入園して3年目になる。自閉的傾向があり，ことばはコマーシャルを口にするだけで，会話を知らない。
② 夏，浩君は朝登園すると，服を着たままプールにとびこむ。プールに水を入れるためのシャワーを持って遊ぶので，プールに十分な水がたまらない。
③ 保育者は，このままだと泳げないこと，浩君にも約束を守らせたいことをクラス集団に伝え，勲章をつくってそれをつけているときだけシャワーが使えることにすることを提案する。子どもたちは積極的に受けとめ，自分たちがプールに入るとき，浩君にシャワーをかけてもらうことにしようという意見が出る。
④ 朝，プールにとびこんでしまう浩君に，子どもたちは勲章をしているときだけシャワーを持つことができることを伝えていく。

⑤ 浩君は水がたまり勲章をつけてもらうのを待つことを知っていく。
⑥ 子どもたちは，浩君がシャワーをかけることを一人，二人で止めてしまうと，かけてくれるように要求する。浩君をうしろからささえる保育者が，「ハイよっしゃ！」と言い，子どもが「浩君ありがとう」とあいさつする。
⑦ 夏も終わる頃には保育者のささえなしで，子どもたちにシャワーをかけるようになる。「ハイよっしゃ」と自分のことばも出すようになり，「浩君ありがとう」「ハイよっしゃ！」という会話も生まれる。

(落合他，1987[8]）より作成)

4）一人ひとりの違いを認める

事例 7 - 10 は保育所の 5 歳児クラスの実践である。A は環境の変化に対応することが難しく，ちょっとしたことがきっかけで不安定になりやすい。できることにアンバランスがあり，荒馬を踊ることはしないが，はりきって太鼓をたたく。他の子どもとは違うことをしながらも，一緒に活動に参加している。保育者は，クラスの子どもたちが A の面白さも弱さもありのままに受け入れるように感じたと言うが，それは A の要求をすべて受け入れるという意味ではない。子どもたち一人ひとりにも要求があるからである。それをお互いに調整しながら遊びや生活を進められるようになっていくことが，一人ひとりを認め合い，育ち合うということである。

事例 7 - 10　一人ひとりの違いを認めるとは
① A は，就学を間近にして広汎性発達障害*と診断された子どもである。5歳児クラスへの進級に伴う環境の変化や行事に向けた取り組みの中で，気持ちの揺れが大きくなる。
② ささいなことで怒ったり，当番に来ないこともある A を，同じ班の子どもたちは，その時の調子にまかせて受け入れている。
③ A は，できることとできないことがはっきりしていて，卒園式に踊る荒馬は，絶対しないというほど苦手だったが，ある日，荒馬の先頭になると言い出す。
④ 先頭はすでに話し合いで D たちに決まっていた。D は困りながらも，イヤだと言う。子どもたちは A の気持ちもわかるが，D たちのイヤだという気持ちもわかる。保育者は A に無理だと伝える。

⑤ Aはホールの入り口に立って通るのをじゃまするが，保育者が何も言わずに横に移してやると，怒りもせず，気持ちを切り替えて太鼓に行く。当日も「オイラハタイコダ」と言って安定して太鼓をたたく。
⑥ 保育者は，仲間との楽しい遊びがあったことがAを安定させたと感じている。また，子どもたちは，Aの面白さも弱さもありのままに受け入れるように感じたと言う。
＊原典当時の診断名。DSM-5では自閉スペクトラム症／自閉症スペクトラム障害にあたる。

(今野，2003[9])より作成)

　障害のある子どもの仲間づくりは，その子どもばかりでなく，周りの子どもやクラス集団への働きかけを通してなされる。そして，障害のある子どもが仲間とのかかわりで育つとき，仲間もまた育っていく。こうした育ち合いを確かにする集団づくりが求められる。仲間関係やクラス集団を育てていく上で，子どもと保育者との信頼関係は重要な意味をもつ。例えば，子どもは信頼を寄せる保育者を仲立ちとしながら仲間関係を広げていく。また，保育者が子どもたちを信頼し，問題を投げかけて話し合うことで仲間関係が発展していく。障害のある子どもの保育においても，子どもたちとともに生活と遊びを創っていくことが大事であると言えよう。

■引用文献
1）杉山弘子・本郷一夫・玉井真理子：「保育場面における1～2歳児のトラブルの成立と展開―物をめぐるトラブルについて―」，心理科学，第12巻2号，pp.15-23，1990
2）服部敬子：「5，6歳児」（心理科学研究会編：育ちあう乳幼児心理学），pp.197-198，有斐閣，2000
3）松原洋介：「障害児グループ保育の試み」（全国保育問題研究協議会編：障害児保育―どの子にも豊かな育ちを―），pp.79-93，新読書社，1991
4）落合操・新田保育園：夢の砦，pp.193-212，ひとなる書房，1987
5）藤井侑子：「"遊べる"ことってすばらしい」（全国保育問題研究協議会編集委員会編：季刊保育問題研究224号），pp.276-279，新読書社，2007

6）今野広子：「優ちゃんとヒコーキ班の仲間たち―四歳児クラスの障害児と健常児の仲間関係の育ちについて―」（仙台保育問題研究会編：みやぎの保育第二号），pp.25-32，1992
7）春日治子：「ともに考え認めあう集団―みんなの手がかわりになれば」（全国保育問題研究協議会編：障害乳幼児の発達と仲間づくり），pp.46-54，新読書社，2001
8）落合操・新田保育園：前掲書4），pp.85-92
9）今野広子：「一人ひとりの違いを認め，共に育ちあうクラス集団をめざして」（保育研究所編：子どもの「変化」と保育実践），pp.47-51，草土文化，2003

第Ⅱ部　障害児保育の実際―共に育つ保育の進め方―

第8章
子どもの遊びを育てる保育

　乳幼児の生活の中心が，遊びであることは言うまでもなく，遊びのもつ意味は，障害があってもなくても同じである。ただし，子どもに障害があることで，遊びは影響を受ける。そのため，集団保育場面では他の子どもと違う姿を見せることがあり，保育者にとって「困った」「理解しにくい」状況を生むことが多い。その結果，遊びは，禁止や強制・叱責の対象となることが多くなる現状がある。

1．遊びの捉え方

（1）遊びとは何か

　遊びについて，ロジェ・カイヨワが，①自由な活動，②分離した活動，③不確定の活動，④非生産的な活動，⑤ルールのある活動，⑥虚構的活動[1]と述べたように，大人の生産活動とは違い，遊びは無目的で自由な活動である。その後ワロン，ルソー，モンテッソーリなど多くの人が遊びについて述べている。保育実践の中では，勅使千鶴が，①年齢に応じて楽しみ面白さを追求する活動，②自主的・自発的に取り組む活動[2]と述べたように，子どもにとって面白いから遊んでいるのであり，遊びは**面白さの追求活動**である。さらに加用文男は，遊びを自我の変容を楽しむ活動[3]と述べており，子どもの発達にとって遊びは，極めて重要である。

（2）遊びの発達的意義

　遊び活動は，結果としてもしくは随伴的に①創意工夫や創造性を生み出し，②自主性・自発性を養い，③身体的能力の発達を促し，④知的諸能力を発達させ，⑤人と人とを結び，交友性や社会性を形成する[4]。

> **事例8－1　鬼ごっこ：4歳児**[5]
> 　捕まるのがいやだと泣き，捕まえてくれないと言っては泣くけんたろう。その度に集まり，ルールをつくり変える子どもたち。挟み撃ちされたときは「たいようぐみ（あこがれの5歳児）は，そうして（挟み撃ちありのルールで）やっていたよ」「けんちゃん足速いじゃん」と友達に言われて，再び遊び始めるけんたろう…。

　鬼ごっこは，走る活動で身体的な能力を発達させている…というような単純な話ではない。知恵や工夫の作戦会議・トラブルの話し合い・ルールの改変などたくさんの要素が含まれ，面白く，楽しく進むのである。しかし，遊びは楽しいだけでもない。くやしい・悲しい・我慢等たくさんの感情体験をしているのである。幼稚園教育要領第1章「第1　幼稚園教育の基本　2」の遊びを通しての総合的な指導に書かれているように，幼児期は感性感覚教育であり，経験という遊びを通じて発達していく時期である。「どんな遊び経験をするか？」は，「将来どんな人間として生きていくのか？」に通じると言っても過言ではなく，河崎道夫は，民主的選択主体の感性的土壌をつくりだすことこそ，子どもの遊びの最も大きな発達的意義であると述べている[6]。

（3）権利条約の視点から

　1989（平成元）年，国連において「子どもの権利条約」が採択され，日本は1994（平成6）年に批准した。その精神は，「子どもにとっての利益を最優先する」ことである。保育所保育指針第1章総則「4　保育所の社会的責任（1）」には，「子どもの人権に十分配慮するとともに，子ども一人一人の人格を尊重して保育を行わなければならない」と明記されている。さらに2005（平成17）年9月国連は，子どもの権利委員会第40会期採択　一般的意見7号「乳幼児

期における子どもの権利の実施(日本語訳平野裕二)」を発表した。そこでは,遊びにかかわり,「34. 休息・余暇および遊びに対する権利」として「遊びは,乳幼児期のもっとも顕著な特徴のひとつである。(中略)…遊びを通じて自分がいま有している能力を発揮し,かつそれに挑戦する。(中略)…この権利は,子ども中心であり,安全であり,支援的であり,刺激があり,かつストレスのない環境で乳幼児同士が会い,遊びかつ交流する機会が十分に用意されないことにより,阻害されることが多い」と述べられており,遊びを子どもの権利の視点から捉えていくことが重要である。

2. 子どもの遊びから子どもの発達と興味・関心を捉える

　遊びの姿や種類は多種多様である。それは,子どもの興味や関心や生活年齢,人間関係(親・保育者・仲間[*1]など)・環境・障害による原因等,様々な要因に規定されるからである。

(1) 保育場面における遊びとは
　保育活動の目的は,保育所保育指針や幼稚園教育要領でも示されているように人格の形成にある。図8-1はそれを構造化したものである。
1) 生活の視点からみる遊び
　生活には,二つの視点がある。一つは,一人ひとりの生理的要求を満たす力としての文化様式をつくるという視点であり,それは基本的生活習慣の獲得である。食事や排泄などを自らできることは,遊びや活動をより自由にするための大切な力であり,乳児期からの継続的な働きかけが必要である。もう一つは,民主的にかかわる力としての集団[*2]という視点である。保育場面には多くの

---

*1 　仲間とは,年齢とか立場が比較的近いもの同士の人間関係(集団の個々のつながり)を指す。

*2 　集団とは,所属する人間関係を拠点とした居場所であり,依存関係でつながる人間関係を指す。

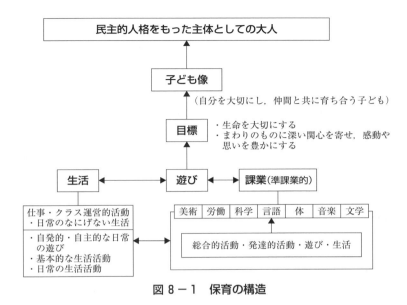

図8−1 保育の構造

子どもが集まり，関係をつくりながら生活をする。出会った当初の名前も知らない関係から，けんかもし，くやしさや楽しさ…と様々な感情体験をしながら，かけがえのない存在となっていく。そうした道すじを意識的につくりだす保育の視点である。**遊びを展開する上で集団の存在は大きく，遊び内容そのものを決定する要因となる。**

2）準課業の視点からみる遊び

　面白さの追求である遊びが，子どもの自主性・主体性を大切にすることは，言うまでもない。しかし，すべてを子どもの主体性・自発性に任せておけばよいということではない。

　例えば，「はさみが使える」という点で考えてみる。はさみを使えるようになる前の時期，おうちごっこのテーブルでは，丸めたり切り裂いたりしてそれらしく食べ物を作る姿がみられる。しかし，はさみを使えるようになった子どもたちは「より本物らしさ」を求め，細くて長く切ったやきそばを作る。上には小さな海苔もある。

どちらがよいかではない。遊びが変わるのである。走る，歌う，描く等，子どもたちがその力を獲得することは，**新しい遊びの面白さを獲得すること**である。より豊かに面白く遊びや生活が展開していくように，意図的に保育者が用意する活動が課業である。できないことを気にする年齢になると，「できる力」はやる気を失わせたり「（自分で決めた意思として）やりたくない」と新しい遊びの面白さに出会うチャンスに臆病になる原因にもなる。そんな気持ちに共感し，自主的・自発的な出会いをつくるには，十分な時間が必要である。それゆえに準課業という言葉を使う。遊びはこうした保育構造の中で繰り広げられているのである。

3）遊びの構造

遊びの構造を図8-2に示した。

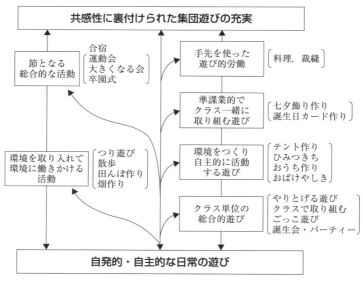

図8-2　遊びの構造

遊びは一人ひとりの楽しさから，共感し合って仲間と遊ぶ方向に向けられている。そして，仲間と遊ぶ楽しさは，また日常の何気ない遊びの楽しさの充実に戻って循環している。

（2）年齢別にみる遊び

ここでは，健常といわれる子どもの遊びの姿が示されている。年齢別遊びを学ぶことで「気になる」子の興味・関心を探り，遊びの指導の手がかりをつかむ。

① 0歳児前半

大人が子どもと目を合わせてかかわることが，遊びの始まりである。「気持ちいいね」「うれしいね」「○ちゃんここにあるよ」等，一つひとつの行為にことばを添えて温かいかかわりを通じてのやりとりを楽しむことである。言い換えると赤ちゃんと一緒に楽しむことが遊びなのである。

② 0歳児後半

周りへの関心が高まり，自らの力をもって動き出す探索行動がみられる。物に出会えば，じっくり確認してから物の操作を開始し，さらに人に出会えば，喃語が盛んになり，ことばがなくても指さし（ことばの前のことば）で，大好きな人と同じ物を見つめ気持ちを共有する姿である。さらに特定の人に**愛着（アタッチメント）**をもち人見知りが始まる。甘えから対人関係を学び，依存しながら信頼関係を学ぶ。この愛着形成が子どもを安心させ，好奇心を湧かせ勇気づけるのである。子どもが，自ら動き出したくなるような楽しい遊び環境をつくるとともに，子どもの思いや物・人への興味・関心の違いを共感し子どもと一緒に遊びを楽しむことが大事である。

③ 1歳児

歩行が確立し行動の主人公になる。ますます探索行動が豊かに進むためいたずらが激しくなるが，それは探究心の表れである。そして自分の名前もわかるようになり，自己確認が強く「○○の！」と物の奪い合いも頻繁にみられる。結果，噛み付きや叩くことが多くなる。自我の芽生えである。保育者の対応は白黒をつけるのではなく，自他の存在がわかるようなことばかけを多くし，人への安心感・信頼感を育てることが必要である。さらに泥をお団子に模倣して遊べるなど，**象徴機能の発達**がみられ，大人の支えで模倣遊びが始まる大事な時期である。安全を確保しながら興味・関心を引き出し，体を十分に使えるよ

表8-1 年齢別にみた主導的遊び

年齢	遊びの種類	内容
0歳児前半	あやし遊び 感覚遊び もて遊び	(大人が) 赤ちゃんへのほおずり, 体を触る, だっこする, わらべ歌を歌う くすぐり, 揺さぶり, 高い高いなど 吊るしおもちゃをじっと眺める, あやす大人の顔を触る, 目の前のおもちゃに手を出しなめる・引っぱる
0歳児後半	あやし遊び 運動遊び もて遊び	イナイイナイバーをすると, 自分から顔に手を当て「バー」。「はいどうぞ」とおもちゃを渡すと返してきて, また渡す (やりとりを楽しむ) はいはいが盛んになり, いろいろな方向に動き出す。保育者の体に乗せてピョンピョンすると体中でキャッキャッと喜ぶ 缶のふたの開け閉め, 容器から積み木の出し入れを繰り返す
1歳児	運動遊び ルールのある遊び わらべ歌遊び 模倣遊び 作り遊び	階段の昇り降り, おもちゃの車を押す, ブランコやすべり台などの固定遊具 「マテマテ」と追いかけられて喜ぶ 「げんこつやまのたぬきさん」,「上がり目下がり目」など保育者と心と心をしっかり通いあわせる 大人が「もぐもぐ」と食べるふりや, お人形をトントンして寝かせつけることをまねる。意味は理解してなくてもその場を共有し楽しむ カップに砂を入れ「はいどうぞ」と出すと「はいどうぞ」「プリンです」等と大人と同じことをする。素材は葉っぱや小石等変化する。大好きな大人と物を媒介にして楽しむ
2歳児	運動遊び ルールのある遊び 模倣遊びからつもり遊び 作り遊び	すべり台を前向きですべる, 運動場や散歩で走る・飛び降りる, 三輪車をこぐ 保育者が追いかけていただけから, 捕まったら子どもたちが保育者を追いかける関係に変わる 模倣の対象が増える (店, 電車, 病院など)。大きなダンボールをお風呂にする。スカーフを前掛けにするなど, 見立てる力は豊かになる 積み木や椅子・テーブルなどを使い「これバス」, 細い葉っぱを集め「焼きそば」, 水や砂場では, 容器やカップで形を作り見立てる
3歳児	わらべ歌・ことば遊び 運動遊び ルールのある遊び 構成遊び ごっこ遊び	「かごめかごめ」などのわらべ歌の繰り返しや快い歌のリズムを楽しむ。「まるくてあかくて長いもの何?」と聞かれ「毛糸」と答える保育者よりも,「りんご」と言う友達の答えに「あたり」とにっこりと言うなど, ことばを通じて共感を楽しむ 大きな水たまりを跳び越したり, 縄をくぐり抜けたり, 竹ぽっくりで歩く等ダイナミックな動きを楽しむ 「あぶくたった」や「しっぽとり」, 簡単な勝ち負けを楽しむ 牛乳パックや様々な容器を使い, はさみも駆使して作る お家・お店・魚釣りごっこなど, 様々な日常生活を仲間と再現する
4歳児	わらべうた・ことば遊び 運動遊び ルールのある遊び ごっこ遊び 構成遊び	「だるまさんがころんだ」「今年のぼたん」などより複雑な掛け合いを楽しみ, 難しいなぞなぞを楽しむ 縄跳びや鉄棒など様々な動きのある遊びが始まる。すべり台でも, 階段から上り, 柵を乗り越えボールから降りるなど, さらにダイナミックな動きになる 「氷鬼」「しっぽとり」など, より複雑で集団で楽しむ鬼ごっこ 個と個のイメージをつなぎ共有するだけでなく, イメージの共有から遊びが始まる (「○○を作ろう」と言って, 積み木やダンボールを使い遊ぶ) 紙, 材木, ホッチキス, かなづちなど素材や材料が増え, より複雑な物を作る
5歳児	わらべうた・ことば遊び 運動遊び ルールのある遊び 構成遊び ごっこ遊び	「だるまさんがころんだ」の動作をつくる。カルタやしりとり, 階段でことばに合わせてじゃんけんするなど, より遊びが複雑になる より複雑な動きのある縄跳び, 竹馬, 鉄棒, 跳び箱など リレー, サッカー, ドッジボールなど, より集団的となりルールの改変と遵守が繰り返される 出来上がった物に友達が手を加えたり, 目標をもって作る。素材や道具もさらに広がる (布・ダンボール・針や糸・カッター・くぎ抜きなど) やまんばを退治する等共通のイメージを膨らませ, 何日もかかって遊びを創る探検遊びや, 1冊の本からの劇遊び・劇ごっこ・劇等, つもりやイメージを豊かに仲間とともにつくり出す

第 8 章 子どもの遊びを育てる保育　113

さんぽでやきそばごっこ（2 歳児）

病院ごっこ（3 歳児）

うな魅力的遊び場や散歩コースを確保しながら，保育者は子どもが模倣できる世界を豊かにつくりだすことが大事である。常に子どもの思い・考えに共感し子ども同士の仲立ちとなる援助が求められる。

④　2 歳児

こうしたいという気持ちが大きくなるが，うまく伝わらず，怒る・泣くなどの姿が多くなる。「着替えを手伝った！」と言っては怒り，「手伝わなかった！」と言っては怒る姿である。体の動きもさらに活発になるが大人の言葉でのコントロールは難しく，思い通りにならないとどうしていいかわからなくなってしまう。それは，大人からすると困った姿にみえるのだが，自分の世界を大事にしたいという自尊心が育ち「大人の言うことはわかっても大人の言う通りしたくない」という自我の強い表れである。

こうしたときは，子どもの言い分をじっくり聞き，子どもなりに考え，判断し，立ち直ることを待つことが求められる。特定の人（大人と子ども）や物へのこだわりは「自分なりに大事にしたい人や物」への愛着であることから興味や関心のある遊びを支え，じっくり援助することも大事である。1 歳児同様に体をたくさん使って遊ぶ条件をつくりだしながら，絵本の世界や豊かな「見立て」や「つもり」の世界を生活につくりだすことが求められる。

⑤　3 歳児

平衡感覚が育ちケンケンで進んだり，道具に合わせて動きができるようにな

土手でころがりごっこ（4歳児）

川遊び（5歳児）

る。紙を持ってはさみで切る姿にみるように，手先の発達もめざましい。描画活動でもなぐり描きからまるを描き「おつきさま」とか，友達[*3]の名前をあげるなど意図的表現活動がみられる。一方で，視点が違うと相手の思いがわからず，自分と相手の「つもり」がぶつかり，けんかが多くなる。結果，他者を知ることになり，子ども同士はより親密化していく。保育者は，その場を取り繕うことなく，思い・考えに耳を傾け，子ども同士の「つもり」を伝え合うことが重要となる。そのことを通じて，自分の思い・考えを受けとめられた経験と自分の行動や考えを確かめるのである。

どの遊びでも友達とのかかわりが増え，仲間と遊ぶことが面白くなる。一人遊びと一人遊びをつなぎ，より面白くなるような援助が求められる。

⑥　4歳児

さらに体は敏捷となり，手先の動きも巧みになってくる。また「遅いじゃん」「へただねー」と言われて顔が曇り，ためらいや躊躇する姿がみられる。これは他者から見られる自分を意識する姿である。臆病な姿，ふざける姿，照れ隠しする姿等と共通する，第二の自我の育ちである。他者から言われることで自分を見つめ「○○だからやめる」「○○だから○○する」と自己コントロールする姿である。とはいっても自律的自己コントロール力の感性的土台を形成す

---

*3　友達とは，仲間関係のうち好感に基づく親密な関係を指す。

第8章　子どもの遊びを育てる保育　115

るには個と集団の関係が大きく，集団づくりが重要となる[7]。体の動きや手先の動きが巧みになる遊びとともに，どの遊びの中でも，仲間の関係を深める遊びが展開できるように援助することが求められる。

⑦　5歳児

体の発達はよりしなやかになり，姿勢制御力，予測判断力，スピードやリズムをコントロールする力が育ち，5歳児は体と心の主人公となる。遊びはより豊かに複雑かつ集団的になる。保育場面では，「何してる？」と内容を聞いてから「仲間に入れて」だったのが，「仲間に入れて」と，仲間に入ってから「何してる？」と聞くような，仲間の関係が深まっている姿がみつけられる。また，新しい技や遊びに対して「この遊びやりたくないから」と避ける姿もある。一見自分で決めているようにみえるが，できない・不安な自分を表現していない。子ども自身が真の要求を出し，仲間と話し合い（合意形成）新しい遊びに挑戦していく支援が必要である[8]。子どもの関係を深め，どんな自分も否定しない自己をつくる感性的土台をつくる保育である。個の自発的・自主的な要求を集団につなげ，集団による目標をもって遊びをつくりだすこと，言い換えると体と心を使い総合的なダイナミックでスリルのある遊びを仲間とつくりだす遊びの援助が求められる。

3．遊びを通して子どもの発達と興味・関心を捉える

(1) 保育の視点

集団保育場面における活動は，通常子どもたちという「集団」を焦点に当て保育をつくりだす。それは「個」を大事にしないということではない。**子どもが集まることによって生まれる教育力を使って保育をつくっているのである**。「気になる」子どもの自発的・自主的な遊び活動を共感し，集団的な遊びになる。逆にクラスの集団の活動が「気になる」子どもにとっても面白い遊びになる。両視点の保育創造である。それは，①人格形成の理念をもった子ども主体の遊び，②子どもの発達課題を明らかにし，個を深くていねいに捉える，③子

どもの思いや考えに共感できる大人や子どもの集団づくり，の視点である。それは「気になる」子どものみならず，すべての子どもの発達に通ずる視点である。

（2）遊び場面の子どもの姿

「気になる」子どもの遊びをみてみると，みんなと同じことはやらない，一つのことにこだわって同じことをやり続ける，一人でぼーっとしている，動きが硬い，落ち着かずあちこちに動きまわる…など，様々な姿がみられる。それは，同年齢の他の子どもが少しずつ仲間と関係をつくり，遊びが展開していく姿とちょっと違っている。しかし，子どもたちのしぐさや眼差しをみていると，子どもの行為やつもり・見立ての世界にかかわる時間も短く，また気まぐれのように，どんどん遊びが変化しやすいが，その行為を楽しいと感じている姿がみられる。それらの**新たなサイン（ことば，表情，しぐさ，状況，行為等）を見逃さないこと**で，遊びは発展もし衰退もする。子どもの姿をどうみるかが遊びに大きく影響するのである。

（3）遊びの指導

遊びの指導とは，失敗しないように，上手にいくように，指示語や禁止語を添えることではない。時にはじゃましたり，ズルしたりしながら**子どもの世界に共感し，面白さの必然性をつくっていくこと**である。

1）個に共感する

どんな思い・考えでも共感し続けることは，隣に保育者や友達がいることを嫌がらない状況をつくりだす。関心があれば，見る，共感する，まねする姿もみられ遊びに変化を生む。

2）環境をつくる

一人遊びであっても，そばに保育者や子どもがいることで，遊びの雰囲気や声，音量さらに匂いや音や景色等が変化し，遊びへの刺激をつくる。それは，個と集団をつなげるきっかけや遊びに変化を生む。

3）ごっこ遊び場面

　個の見立てを受けとめながら，同じ場面にいる他の子どもの見立てを合わせて返す。また，つもりになってもその継続時間が短いので，新たなつもりのサイン（しぐさ，状態，行為）を見逃さずに共感して返す。初めのつもりに捉われ続けたり，一緒にやっているからと，お互い（子どもと保育者）がそこに見立て・つもりの世界を共有していると早急に判断しないことである。

4）見えにくい要求語

　表情・単語といった「見えにくい要求語」は見落とさず，ことばに替えて返す。

5）突然の危険な行為や問題行動

　危険行為には，体でさりげなく止めながら，まず，子どもの行動の背後にある思いや理由に理解を示すことばを伝える。また，わがままや悪口を言ったり，困らせるような行動は，通常困ったことと捉えがちだが，相手にそうしたことをしてもいい（ありのままの自分）という信頼や安心感が育ってきており，保育者のことばや思いが通りやすくなった姿と捉える。不適切な行為や問題行動のときこそ，その子なりの思い・考えを学ぶチャンスと考えたい。

6）個と集団

　自分のする「気になる」子どもへの指導は集団からみたらどう捉えられるのか，という一歩引いた客観的な視点が常に必要である。個に過ごしやすい環境をつくったことで「変わった」子という認識を集団に属する子どもたちがもつとしたら，それはマイナスである。指導は，常に違っていることを認め合う「子どもの権利」の視点が必要である。

7）保育者の言動

　声や雰囲気は子どもたちに大きな影響がある。ゆっくり，落ち着いた静かな話しかけをし，煽るような声，興奮する声，甲高い声は，避けるべきである。

4．障害児保育の実際

（1）遊びに共感する

> **事例8－2　泥投げ**
> 　ゆう：4歳児。集団から外れやすく，発達に軽度の遅れがある。蛇口やホースを使った水遊びが入園後1年程続き，この頃泥遊びをするようになる。一人遊びが多いが，気にいった友達が出てきた時期である。
> 　しほ：4歳児。
> 　ゆうが泥の塊りを持ち，うれしそうに木に投げています。その傍らに「泥がかかって嫌だった」と顔に泥を付け泣くしほ。どうやらゆうの投げた泥が，たまたま通りかかったしほにぶつかってしまったようです。保育者がゆうに近づき「ゆうの投げた泥がしほちゃんにあたってしまったよ」と伝えると困った顔になり元気のない声で「うん」。保育者「今度よく見て投げてね」，ゆう「うん」。
> 　その後，ゆうは，しほの泥を取るのを手伝い「もうやんないでよ」と言われて「わかった」と元気のない声で答えるのでした。
> 　そこで泥投げができそうな場所を選び「ゆう君こっちで泥投げやる？」と誘うとニコニコです。その前に距離を変えて線を3本引きました。「好きなところから投げるんだよ」と言うと自分で線を選び，投げたら見事に入ったので「大あたりー」と言うと大喜び。それを見てしほも仲間に入ってきました。二人の遊びに仲間が増え10人を超える子どもで泥投げです。畑の隅にあるシートに当たって「まあまあだね」と言ったのが「ママだね」と聞こえたらしく，「今度はママに向かって投げる」とゆうは，大喜びでした。

　偶然，泥がかかってしほが泣いたことで，ゆう一人の泥遊びは中断するが，泥投げへの関心・興味を切らさずに続ける遊びである。当初予測はしていなかったが，3本の線を引くことで年齢を超えて多くの子どもと泥遊びを楽しむ姿がみられた。

（2）遊びが続かない

> **事例8－3　ジャンプがカエルになる**
> 　しゅう：5歳。医療機関で自閉傾向を指摘されている。何でも並べることが大好きである。友達と過ごすのは好きなのだが，子どもたちが創るイメージがわかりにくく，結果的に遊びが一人になりやすい状況がみられる。
> 　たく：4歳。こだわりが強く，体を動かすのが苦手。紙や牛乳パックでの製作が大好きで，作り始めると，友達とのかかわりがなく没頭する。
> 　けい：5歳。ファンタジーの中に没頭しがちなことを保育者は気にしている。
> 　りんたろう：2歳児。
> 　しゅうが急に部屋の真ん中で両足でジャンプをはじめました。その跳び方がカエルに似ていたので，「あっカエルかな？」と言うと，しゅうはますますニコニコしながら飛び跳ねます。それを見たりんたろうも，そんなふたりを見たたくもやって来て同じように跳んでいます。そこで保育者が動きにあわせて"いっぴきのカエル〜♪"と歌い始めると3人は顔を見合わせニコニコしながらピョンピョン跳んでいました。
> 　ところが，急にしゅうは跳ぶのをやめて，目の前にあった積み木を次々に長くつなぎ始めました。すると，たくもりんたろうもつられるように積み木を長くつなげ始めました。そして部屋に積み木が長く並び終わると，しゅうは積み木の上を歩き始めました。そこで並んだ積み木の最後に，鉄棒を置きました（日頃しゅうは，鉄棒にぶらさがって楽しんでいる）。保育者が「カエルさん散歩かな？」と言うと「ウン」と返事。たくもりんたろうも後ろに続き歩いています。先頭のしゅうがぶら下がると，ふたりもまねっこです（たくは体を動かすのが嫌いで鉄棒はこの日が初めて）。保育者が「カエルが，ぶ〜らんぶ〜らんだねえ」と言うとにっこりです。積み木の上をカエルになって歩き，鉄棒にぶら下がるのを何度も繰り返しています（この間保育者は，ずっとカエルの歌を歌う）。今度は，しゅうが，部屋の隅にある障子の裏に走っていきました。もちろんふたりも一緒です。保育者が「もうおうちにかえるのかなあ？」と聞くと，3人で障子の裏の狭い廊下で横になっています。保育者が「もう寝る時間かな？」と聞くと，しゅうが，障子の穴から手を出してくるので，保育者「おいしそうなお肉だなあ，食べたいなあー，おなかすいたあー」と言いながら手を引っ張ると（しゅうはおおかみと7匹のこやぎの本が好き）キャッキャッと大喜びでしばらくこの遊びが続きました。
> 　するとたくが，急にカエルの歌を歌い始めました。そこで保育者も一緒に歌

うと，3人がまたカエルになりピョンピョン積み木を歩きはじめました。今度は，積み木を歩き，鉄棒にぶら下がると家に戻って寝るのです。何度も繰り返していた3人は，途中でみつけた紙芝居を持ってきて「読んで」と言うので，読もうとするとけいが猫になりきってやってきました。「怖い」「あっちにいって」と言ってもますます「フーフー」と鳴くけいネコ。余りにリアルで怖く，りんたろうは半泣きです。そこで保育者「猫さんに怖～い顔をする」と言って怖い顔をすると3人もまねして怖い顔。それでけいネコもやっと逃げていきました。そして，紙芝居を見終わると，しゅうは外に出て行き，遊びはおしまいになりました。

異年齢では，遊びの最近接領域をつくりだしやすいことがあり，5歳児の中では友達のまねをして遊ぶ姿が多いしゅうが，この場面での遊びをリードしている。行為の時間は短いが，しゅうの遊びをたくとりんたろうが一緒に共感し，ころころ突然に変わる行為に保育者が意味やことばを合わせていくことで，一緒に遊びをつくりだしていく。遊びの連続性が突然絶たれることがあるが，しゅうの思いに共感し，保育者が始めの「つもり」にこだわらないことで遊びが発展しているのである。

（3）ルールがわからない

事例8－4　氷鬼のルール[9)]

ゆりこ：5歳児。軽度の知能の遅れと自閉傾向がある。入園当初，人を押し倒したり叩いたりすることが多く，遊びではお姫様の世界にこだわって長い間お姫様ごっこが続いていた。卒園近くになり遊びも変化してきていたが，周りのイメージを共有することが難しい。

　他のクラスが，散歩に出かけ園庭から5歳児クラスの鬼ごっこをやる楽しい声を聞きながら部屋で仕事をしているときでした。突然，「おかちゃん（保育者のこと），紙ちょうだい」の声。振り向くと，そこにちょっと元気のないゆりこが立っていました。「いいよ，そこの紙なら」と言った後，「今さあ，ゆりこちゃん氷鬼一緒にやっていたんじゃなかったの？」と聞くと，紙を探しながら「うん。でも…。ゆりこ…。わかんないんだよ」とゆっくり考えながら答え

> てくれました。この頃の5歳児は，氷鬼のルールをつくり変えながら楽しんでいました。しかし，それを理解するのが難しいときがあると担任が保育会議で話していたことを思い出し，「わからないって，鬼ごっこのルールのこと？」と聞くと，「うん」と元気がない返事が返ってきました。「だから，やめて絵を描こうと思ったのかなあ」と聞くともなく言うと，「うん」とまた元気のない返事。「わからないことをことばにする姿」や「仲間と離れて寂しさを感じている姿」は入園時からは想像できず，「そうなんだ。でもゆりこちゃんは，ルールがわからないってちゃんとお話できるんだ。すごいね。大きくなったんだね。素敵だね，ゆりこちゃん」と言ってぎゅっと抱きしめました。
> 　そして「ゆりこちゃんがルールをわからないこと，みんな知っているのかなあ？　お話ししたの？」と聞くと「ううん」とゆりこ。さっきよりことばが，心なしか力強くなっていました。「そうかあ。ゆりこちゃんがお話ししないとみんなは，ゆりこちゃんが，わからないこと，わからないと思うなあ。言ってみたら」と言うと黙っているので，「ゆりこちゃんは，ちゃんとそのこと言えるんだもん。きっと言えると思うなあ」と言うと，ゆりこはにっこりしました。そしてみんなのところに戻っていくと決めたとき，担任の先生が「ゆりこちゃんどうした？」と部屋に入ってきました。「ゆりこね，わかんないだよ。ルールが」と担任の先生に話しています。すると「じゃあ，みんなに言ってみよう」と言われて歩きはじめるゆりこの後ろ姿は，弾んでいました。

　ここでは，「遊びたいが（ルールが）わからない」姿に共感し，思いをことばに変えるところを保育者は支えている。そして「自分の考え」を共感してもらうことで集団に対して自分を表現させる指導である。どうしたら「気になる」子どもたちが自身を否定することなく自己肯定することができ，どうしたら集団は，違いを受けとめ，仲間として一緒に楽しく遊べるのか？　という視点に立って，工夫，知恵，勇気を出し合うことである。他者肯定する合意形成能力の育ちを支援する遊びの指導が重要である。

■引用文献
 1）ロジェ・カイヨワ，清水幾太郎・霧生和夫訳：遊びと人間，pp.13-14，岩波書

店，1970
2）勅使千鶴：子どもの発達とあそびの指導，pp.28-44，ひとなる書房，1999
3）加用文男：子ども心と秋の空，p.285，ひとなる書房，1990
4）保育小辞典編集委員会編：保育小辞典，pp.3-4，大月書店，2006
5）岡村由紀子・金田利子：4歳児の自我形成と保育，p.41，ひとなる書房，2002
6）河崎道夫：子どものあそびと発達，p.305，ひとなる書房，1983
7）岡村由紀子・金田利子：4歳児の自我形成と保育，pp.196-215，ひとなる書房，2002
8）岡村由紀子：「5歳児1年間の集団保育に見る自我の変容と形成—集団的な活動における合意形成の葛藤場面に焦点化した実践研究—」，日本保育学会第58回大会発表論文集，pp.350-351，2005
9）岡村由紀子編集代表：ちょっと気になる子の保育，ひだまり出版，pp.170-172，2006

第Ⅲ部　連携と協力による支援

第9章　保育の場におけるカンファレンスの進め方

1．保育カンファレンスとは何か

(1) 保育現場でカンファレンスを行う意義

　今日，保育所や幼稚園，認定こども園など（以下，本章において園とする）には，多様なニーズをもった子どもや家族を支える役割が求められている。当然，毎日の実践で保育者は様々な課題に向き合う。障害のある子どもや，発達の気になる子どもの支援を考えることもその課題の一つである。しかし，その課題の解決は，保育者個人の努力のみでは困難だ。園全体が，内外の**協働と連携**を通じ，自ら**課題解決**を図る機能が必要とされる。

　そして，本章のテーマであるカンファレンスとは，上記の課題の解決を図る方法の一つである。つまり，時間と場面が設定され，保育者同士の話し合いや情報交換を通じ，子どもに即した支援方法の検討が行われる。カンファレンスは，会議やミーティング，園内研修等で行われる。また時には，巡回相談員等が保育現場を訪問し，こうした専門家を交えて検討が進められる場合もある。

(2) 目的意識をもってカンファレンスに臨もう

　カンファレンスは単なる"話し合い"ではない。カンファレンスが実りある成果を生むためには，何よりも，保育者一人ひとりの主体性が必要とされる。そして，参加者全員がカンファレンスの目的を理解し，それを共有することが大前提となる。以下，カンファレンスの主たる目的と意義を整理して示す。

1）日々の実践に根ざした支援方法を検討する

　最も重要な目的は"支援方法の検討"である。その子どもの実態とニーズを把握した上で，毎日の実践で実行可能な働きかけや保育内容，環境設定の工夫等を，保育者同士で検討し合う。さらに，実際にその支援を行った結果を振り返る機会も後日設定される。このように，カンファレンスは支援の仮説づくりと，その検証の場と機会であると考えられる。

2）保育者間のコンセンサス（共通理解）と協力体制づくりのチャンス

　障害のある子どもに，たとえ担当の保育者のみが熱心にかかわっても，その他多くの保育者がバラバラな対応を行っていては，効果的な支援は期待できない。そこで園内の"コンセンサス（共通理解）"と"協力体制"をつくる必要がある。そして，そのためには，カンファレンスが必要となる。ここでは，子どもの情報や支援方法が共有でき，「園全体でこの子を支えよう」という意識が高まってくることが期待される。

3）保育現場のもつ支援機能が開発されるチャンス

　園全体と保育者集団がもつ"支援力"を高めることも重要な目的のひとつである。カンファレンスを実体験することで，保育者は，支援方法の検討に必要な「プロセスとスタイル」を学ぶことが可能である。つまり「答」（支援方法）だけでなく，「答の見つけ方」（検討の方法）を学ぶのだ。そして，この学びの蓄積は，日々対峙する諸課題を自分たちで解決する力を保育者集団にもたらす。

4）保育者がプロとして成長するチャンス

　カンファレンスには「研修」の意味がある。子どもの姿をていねいに見つめ，支援を考える実体験は，保育者がプロとして成長するチャンスである。なぜなら，そこでは複数の視点が付き合わされる。必然的に，多様な子ども観に触れることとなる。さらに，それぞれの保育者が日頃の実践を，言葉にする機会がもてる。この言語化の作業は，保育者同士が（経験年数や立場の違いを越えて）ともに働く仲間を再発見するとともに，自分自身を省察する貴重な機会である。

第9章 保育の場におけるカンファレンスの進め方　*125*

保育所でのカンファレンスの風景

　そして，これら上記の目的は，さらに上位の価値につながっている。つまり，子ども一人ひとりにとって，最善の利益につながる実践を目指すことである。カンファレンスの参加者は，今自分たちが，誰のどのような利益のために，議論のテーブルについたのかを忘れてはいけない。

2．カンファレンスを生産的に進めるために

（1）話し合いに入る前にやっておきたいこと
1）限られた時間と機会を有効活用する方法を考える
　保育現場は，毎日が多様な仕事の連続だ。保育者同士がじっくり話をする時間は，決して潤沢にあるわけではない。だからこそ，1回，1回のカンファレンスは極めて貴重だ。ゆえに，その時間を最大限に「有効活用」する工夫が必要である。ただ漫然と「○○君をどうしましょう？」と話を始めるだけでは，時は空しく過ぎるだけである。以下，その有効活用の例を紹介する。

まず第一に、カンファレンスの開催に先立って、検討対象となる子ども、検討課題を園内の全保育者に周知し明示する。さらに、子どもの様子や現在の実践の内容等、当日の検討材料となる情報を、簡潔に用紙に記述する。かつ、カンファレンス参加予定者には、事前にその用紙の「一読」を要請する。こうした事前準備をすることによって、当日各々の保育者が、自分の考えをある程度整理した上で参加し、さらに積極的な発言と検討が行われることが期待される。

第二に、現実的で"実行可能"なスケジュールを組む必要がある。あまりに多くの対象児をあげ、多くのテーマを盛り込み過ぎると、結局は不十分な話し合いに終始してしまう。そこで、検討課題を明確にするとともに、時には対象児を絞り込む必要もある。そして、園の年間の会議日程や研修計画を立案する段階で、「カンファレンス枠」を設定し、順次検討を進めることが現実的である。

2）検討の材料となる情報を準備・整理する

検討の材料となる情報を用意しよう。日常の生活場面を振り返り「子どもの様子」「周囲の様子（他児・保育者）」「場面や取り組み」「家庭での様子」など、いくつかの欄を設けて用紙に記入する。もちろん、注目すべきエピソードがあれば、これも書き込む。記入は、何人かの保育者で行うとよい。なぜならば、複数の視点を突き合わせることで、より現実的で総合的な子ども理解につながる。時には、子どもの姿をVTRに記録し、映像を検討の材料とすることも可能である。また、生育歴や家庭の様子についても、可能な範囲で情報を得る。また、利用している場合は、園外の他の相談機関からの情報も貴重である（ここでは、個人情報の取り扱いに留意が必要である）。

（2）検討の観点と考える枠組みをもつ

上記の準備を経てカンファレンスがスタートする。しかし、子どもに関するたくさんの報告や詳細な記録が机上に積まれても、それを活用できなければ、記録をつけた作業も徒労である。そこで、これらの情報を読み取る「観点」、そして考える「枠組み」が必要となる。次に、そのいくつかの例を紹介する。

1）その子と周囲との関係を見る

　子どものみを見てはいけない。子どもと「周囲」とのかかわりに着目する。ここで大切なことは，「周囲」の中には保育者自身も含まれている事実である。そこでカンファレンスでは，こんな着眼点で話をすることを勧めたい。つまり，「○○君が～だった」のみならず，「そのとき，私たちは～だった」と，自らの姿も話題にするのだ。こうして，保育者自身が，子どもの行動を通じて，自らのかかわりを見つめることで，その子の適応的な行動を促進している（と思われる）働きかけや環境が見えてくる。そして，この働きかけを，日頃の実践で，より意識的・自覚的に継続することが支援の基本となる。

2）その子の行動の意味を考える

　目に見える事実だけでなく，その背景と意味を考えたい。この意味の理解はその子の"気持ち"の理解でもある。例えば，「教室から飛び出す」行動でも，その背景は多様である。不安から逃げる場合もあれば，保育者の注目を得ようとわざと逃げる場合もある。そして，不安を回避する気持ちも，誰かの注目を求める気持ちも，誰しもが抱くものだ。そこで，どのような働きかけがあれば，その子がより「適切な方法」で，気持ちを充足できるかを検討することとなる。

3）「得意と苦手」の双方に着目する

　私たちは障害のある子どもの支援を考える際，ともすると，その子の「苦手」な側面のみに着目しがちだ。もちろんそれは重要である。しかしそれと同時に，「得意」な部分にも必ず着目したい。つまり，その子なりの力で，上手に保育者や友達とかかわり，諸活動に参加している姿を見逃さないことだ。そして，「苦手と得意」の双方をバランスよく見て，比較することで，今後の支援につながるヒントが浮かび上がってくることがある。

（3）「仮説→実行→検証」のサイクルをカンファレンスに位置づける

　カンファレンスでの検討では，ある程度"長い見通し"で目指す事項と，"明日から実行できる"ことを分ける必要がある。前者は支援目標，後者はそれを実現するための支援方法である。例えば，あるADHDの子どもは，「自分を

表9-1 保育の場におけるカンファレンスのポイント（その1）

	ポイント	確認事項
検討の事前準備	1. 保育カンファレンスの目的・意義を理解している	□01)「誰の・どのような利益」の為の話し合いか？それを自覚している。 □02) 実践上の課題解決をはかろうとしている（支援方法の検討）。 □03) 保育者間の共通理解をはかろうとしている（コンセンサス）。 □04) 子ども・実践・仲間の保育者から学ぼうとしている（研修の意義）。
	2. 時間とチャンスを有効活用する工夫と配慮がある	□05) 参加者への周知と連絡，事前に必要な情報が提供されている。 □06) 年間スケジュール，当日の時間設定，検討の事例数等は現実的で実行可能である。
	3. 検討に必要な情報が用意・整理されている	□07) 記録が検討に活かせる形式で整理されている（子ども・周囲・実践）。 □08) 日々のエピソードも，大切な情報源として記録される。 □09) 必要に応じ，他の機関（療育施設・保健センター等）への照会が行われる。 □10) 保育場面だけでなく，家庭での様子，これまでの経過（生育歴）を把握する。 □11) 個人情報の取り扱いについて，十分な配慮がなされる。 □12) 記録に要する作業は，平素の勤務の中で実行と継続が可能である。
生産的・現実的な検討	4. 子どもと状況を見る「観点」，支援・考える「枠組み」がある	□13) 子どもと環境の関係性に着目している（他の子ども・保育者・家族・地域等）。 □14) 問題が生じた時点だけでなく，その前後の「文脈」も見ている。 □15) 目に見える行動や状況だけでなく，その「背景と意味」を考える。 □16) weakness（弱いところ）と strength（強いところ）の双方に着目する。 □17) 子どもの姿と毎日の実践の中に，支援のヒントを探す視点がある。
	5. 仮説⇒実行⇒検証のサイクルが検討に位置づいている	□18) 子どもと家族の立場でニーズを考え，そこから検討課題が設定される。 □19) 単なる報告会で終わらない。具体的な支援方法が記述される（仮説の設定）。 □20) 実際に取り組みを行い（実行），後日，その結果を振り返る機会がある（検証）。 □21) 当初設定された支援方法（仮説）に縛られず，必要に応じ"修正"される。 □22) "偶然うまくいった"働きかけや，ベテランの"名人芸"の考察も行う。 □23) 実践の成果と到達点が，保育者の中で，確認・共有される。
	6. 支援方法が吟味される（実行性・継続性・日常性）	□24)「長期的」「短期的」な課題を整理する。 □25) 対象児・他児・家族・保育者に"過剰な負担"を強いる方法は避ける。 □26) 進級やクラス替え，人事異動等があっても，支援の方向性に一貫性が確保される。 □27) 支援は，保育所・幼稚園等の日常の生活，従来の実践内容に十分に根ざしたものである。

上手にコントロールして活動に参加する」が支援目標となった。そして、「集中できるように座席を工夫」「お当番や係に挑戦し、ほめられるチャンスをつくる」等が具体的な支援方法とされた。こうして、支援の「仮説」が設定されるのである。

　そして、こうして提起された「仮説」を、毎日の保育実践の中で「実行」することとなる。しかし、"やりっぱなし"ではいけない。実際に取り組んだ結果がどうであったか？　それを「検証」する機会を確保する必要がある。そこで、数か月後に、カンファレンスを再び開催する。そこでは「うまくいった」という報告も得られるであろう。そこで仮説は"続行"されることとなる。しかし、「なかなかうまくいかない」こともあり得る。そこでは仮説が"修正"される。また、子どもの成長や発達により、支援仮説の修正が必要となる場合もある。さらに、この間の実践で、「こんな方法もあるよ」といった新たな発見もあるであろう。こうした報告が、新たに仮説に盛り込まれることで、支援の内容がより深まっていく（カンファレンスの事前準備と検討の進め方のポイントについて、表9－1を参照のこと）。

　このように、仮説づくりとその実行、そして検証。このサイクルを繰り返すことで、より子どものニーズに即した支援方法が明らかになってくる。当然、そこには試行錯誤があるだろう。そのプロセスは、行ったり来たりを繰り返しながら、徐々に頂上を目指す登山電車に似ている。保育者は、失敗や迷いを恐れず、様々な支援の可能性を探っていきたいものである。

3．相互理解と協働体制につながるカンファレンスとは

　有意義なカンファレンスの条件とは？　それは第一に、保育実践上の諸課題の解決方法、つまり、現実的な子どもや家族の支援方法が導き出されること。第二には、保育者や関係者間の対話を通じ、園内外の協働と支援体制構築の可能性が開けることである。それでは、そうした生産性と発展性のあるカンファレンスを可能とするため、保育者はどのような姿勢をもって臨むべきか。

（1）主体性を大切にする，責任を自覚する

　参加者一人ひとりに主体性が求められる。まず第一に保育者全員がカンファレンスの目的を理解する必要がある（p.124 参照）。第二に，ベテランや外部の専門家の助言に依存するのではなく，自分たちの毎日の実践の中に支援の手がかりを発見しようとする心構えが必要である。第三に，検討課題を「自分の課題」として受けとめることが大切である。検討対象となる子どもが，他クラスの子どもである場合や，普段は直接的接触が少ない場合でもこの点に変わりはない。つまり，カンファレンスの参加者には，立場の違いにかかわりなく，カンファレンスが最善の成果を生むために，ベストの関与を行う責任がある。"無関心な傍観者"でいることは許されない。

（2）すべての参加者が役割を担っていく

　カンファレンスの参加者のすべてが，積極的にこの場での検討に関与するためには，それぞれが「役割」を担う必要がある。その「役割」には，次のようなものがある。

1）コーディネーター

　カンファレンスの設定や召集，日程や時間の調整，検討対象とする子どものピックアップ等にかかわる。また，巡回相談員等の外部の専門家をカンファレンスに入れる場合，その連絡と調整も担当する。さらに，事前の記録準備等にも協力する。

2）司会・進行

　参加者同士の対話を促すとともに，議論の経過を見守り，論点から逸脱しないように気を配る。時には論点の再確認，議論の整理も行う。このことで「今日は盛り上がったね。でも，明日からどうするの？」という非生産的な結末を避けることができる。

3）課題の提起

　日頃感じる疑問等に基づき，カンファレンスで検討する論点やテーマを提起する。「困ったな」という保育現場の困り感を，「どうしたら～できるか？」と

いった建設的な課題意識に高める上で，極めて重要な役割である．
4）報告と提起
　検討対象の子どもや家族との日頃のかかわりから，実態把握や検討に必要と思われる情報を，口頭や記録等で報告する．さらに，ここでの報告や自身の経験に基づき，具体的な支援方法を発想し，他の参加者に提起する．
5）記　録　係
　カンファレンス参加者の多くがメモをとることのみに専念していては，議論は成立しない．そこで，記録係を決めておく必要がある（該当クラス保育者以外が好ましい）．記録係は，カンファレンスの経過，および設定された支援の仮説を筆記する．さらには，カンファレンスの終了間際に，これらを読み上げて参加者間で確認する．また，当日出席できなかった他の保育者が，後日閲覧できるようにカンファレンスの記録を整理しておく．
6）支持と共感
　ある保育者が，支援のヒントとなる貴重な話をしているにもかかわらず，他の参加者（時には本人）が，その有用性や重要性に気づかないことが多々ある．非常に残念だ．そこで，お互いの発言の重要性に気づいたら，"その場で"指摘・評価をする習慣をもちたい．このように，お互いに「それって大切だね！」「その方法，やってみたらヒットするかも！」等の支持を行いたいものである．

（3）閉塞的・非生産的な議論に陥らないために
　残念なことに，検討が「前進できなくなる」ことがある．カンファレンス参加者は，この"袋小路"に迷い込まぬよう，お互いに注意する必要がある．まず第一に，「立場の違い」を傍観の理由にしないことだ．例えば，「まだ新人だから，先輩に発言はできない」「他のクラスだから，口出しできない」等，この種の"謙虚な逃亡"は建設的な議論の妨げとなる．目の前の課題を，立場や経験の差を越え，「私たちの」ものとして話し合う姿勢を，お互いに求めたい．
　第二に，「悪者探し」をしないことだ．私たちは困難な状況を前にすると，つい「親の育て方が悪い」と考えてしまうことがある．また，「私の力不足だ」

と自責の念を抱く保育者もいる。しかし，こうした考え方は非生産的である。なぜならば，原因や責任を短絡的に誰かに帰することで，閉塞的な思考に陥り，支援につながるアイディアが見つかる可能性が絶たれてしまうからだ。

（4）安心して発言できる話し合いのムードをつくる

　特に新人の保育者は，自分の考えに自信がもてないものである。当然，カンファレンスでの発言にも不安が伴うものだ。そこで，以下の諸点に配慮したい。
　第一に，「正解しか言ってはいけない」という固定観念を捨てたい。既述のように，支援方法は"仮説"である。したがって「～かもしれない」「～してみたらどうか？」等，"可能性"に基づく発言や提案は歓迎されるべきだ。第二に，「指摘する・される」ことに慣れることが重要だ。指摘や批判は，その人の能力や人格の否定とはまったく別物である。むしろ，批判しあえる関係は，保育者間の信頼関係を反映している。第三に，お互いの発言に敬意を示し，傾聴することだ。良い聞き手は，良い発言を引き出してくれる。また，時にはユーモアのある会話で場を和ませることもあってよい。
　このように，安心して発言できるムードは，カンファレンスでの対話を促進する。この点に関し，特に主任や園長が率先して配慮をすることが期待される。

（5）働く仲間を再発見し，いつものコミュニケーションを見つめ直す

　ある保育者はこう語っている。「○○君の対応に悩んでいたとき，一番辛かったのは，他のクラスの保育者の無関心でした」と。障害のある子どもの支援では，特定の誰かが問題を「抱え込まない」ように配慮することが鉄則である。そこで，カンファレンスには，より多くの保育者の参加と発言を求めたい。なぜならば，"みんなで考える"という状況をつくることが，担当保育者の心理的孤立を防ぐとともに，「私だけでなく，みんなで支えているんだ」という心強さにつながっていくからである。
　また，カンファレンスでは，「○○先生は，こんなことを考えていたんだ！」と，相手を再発見することもある。この保育者間の相互理解につながる貴重な

チャンスを，是非他の場面でも大切にしたい。例えば，カンファレンスや会議等の"フォーマル"な場だけでなく，"インフォーマル"な状況，例えば保育者同士の平素の会話，休憩時間の雑談，準備や清掃をしながらの会話等も，非常に重要なコミュニケーションの機会である（保育者間の相互理解と協働体制のポイントについては，表9－2を参照のこと）。このように，保育者にとって，自

表9－2　保育の場におけるカンファレンスのポイント（その2）

	ポイント	確認事項
相互理解と協働体制を生む対話	7．参加者が主体性とそれぞれの役割をもつ	□28）検討課題を「我々の課題」として受けとめる姿勢がある。 □29）検討の結果（答え）以上に，プロセス（答えの出し方）の重要性を知っている。 □30）参加者がそれぞれ機能と役割を担っている（課題提起・情報提供・観点提示・支援方法の提起・共感と支持・助言・記録等）。 □31）カンファレンスのコーディネートを担う人材がいる（計画・調整・召集等）。 □32）参加者の中にカンファレンスの経過をモニタリングしている人材がいる（議論が目的に向かっているか？　建設的な議論か？　対話が活性化しているか？）。
	8．議論が閉塞せず建設的に進行する配慮がある	□33）「困った…」から「いかにして！」へのポジティブな発想の転換がある。 □34）「悪者探し」をしない（子ども・家族・保育者・関係者に対して）。 □35）「抱え込み」をしない・させない。特定の誰かが負担をかかえない。 □36）立場の違いを，相互理解の困難の，"都合のよい"理由にしない。 □37）目の前の困難な状況に"巻き込まれて"いない。適度な"距離を保っている"。
	9．参加者間の対話や発言が活性化される状況づくり	□38）「100％の正解しか言えない」という"固定観念"にとらわれない。 □39）批判・指摘に慣れている。それを可能とする保育者間の信頼関係がある。 □40）発言や提案に一定の敬意がはらわれ，皆が傾聴する。時にはユーモアのある会話もある。 □41）お互いの発言の中に，支援のヒントを発見したら，"その場"で指摘する。 □42）時には不安・焦燥感・葛藤等を語ることもできる。 □43）「自分（たち）の言葉」で語ることのできる空間である。
実践を拡げ・深める	10．生涯発達の連続性を考える	□44）入園以前の経過を把握し，療育施設や保健センターとの連携と情報交換を検討する。 □45）卒園後の小学校へのスムーズな移行を考える（移行支援）。
	11．地域社会での支援ネットワークを考える	□46）周辺地域の社会資源や利用可能な制度の情報を得る。 □47）保育所・幼稚園等内での対応だけでなく，各種の専門家との協働を考える。（例：巡回相談）
	12．日常の保育実践への回帰	□48）対話の中で仲間の保育者の保育観に触れ，相手を再発見する。 □49）日頃のコミュニケーションの大切さを再認識する。 □50）検討対象の子どもから学んだことに，保育全体の深化と質の向上につながるエッセンスを探す。

分たちのコミュニケーションに自覚的になることは非常に重要である。なぜなら，保育者間のコミュニケーションの質を高めることは，実践と支援の質の向上に直結しているからである。

(6) 生涯発達の連続性と地域社会の支援ネットワークを考える

まず，「いま」だけを見てはいけない。生涯発達の連続性で支援を考える必要がある。例えば，その子が入園前に利用していた療育機関や保健センターとの情報交換も検討する。また卒園後の就学に向けた移行支援のため，地元の教育関係者との連携も考えたい。次に「目の前」だけでなく，広く地域社会に目を向けよう。園外の社会資源や人材とサービスは，子どもやその家族だけでなく，各園の実践にも強い味方となってくれる。そして，こうした連携を地道に積み上げることで，該当地域に支援ネットワークが出来上がってくるのだ。園外の専門家との協働のありかたについては，次節にて解説する。

4．外部の専門家の支援をカンファレンスに活かそう

ここでは，外部の専門家が参加する形態のカンファレンスについて述べる。

今日，保育現場への専門的な支援の一つとして**巡回相談**が知られている。これは，現場を専門家が訪問し，子どもの支援について，保育者らにアドバイスやコンサルテーション（p.137 参照）を行う諸制度である。以下，この巡回相談を想定し，専門家を交えたカンファレンスにおいて，保育者が心がけたい諸点を示す。

(1) 地域の制度とシステムを知り，その積極的な活用を図る

まず，それぞれの園が立地する地域社会に，どのような制度やシステムがあるのか？　その情報を把握する必要がある。例えば，市町村により異なるが，保育所や幼稚園等への巡回相談の制度が整備されてきている。また，**乳幼児健康診査**の事後フォローアップの一環として，自治体の保健センター等から専門

表 9-3　保育現場への専門的支援に関連する諸制度（主なもの）

領　　域	事　　業	支援の概要
①母子保健	・保健センターによる支援・連携等	乳幼児健康診査（1歳6か月児健康診査・3歳児健康診査）後のフォローアップ。就園した要フォロー児の支援の一環として，保育所や幼稚園等の訪問，および巡回相談が実施されることがある（保健師・心理士等）。
②保育支援	・保育巡回相談（自治体により呼称は異なる）	市町村が事業委託した専門家（心理士等）および専門機関による，保育所・幼稚園等への巡回相談（保育者へのコンサルテーション，研修講師，保護者相談等）。
③特別支援教育	・特別支援教育体制推進事業に基づく支援	都道府県から委託を受けた，特別支援教育巡回支援員（心理職・大学教員等）による巡回相談（保育所・幼稚園等の保育者，小中学校・高等学校の教師へのコンサルテーション，研修講師）。
	・特別支援教育巡回相談事業（自治体により呼称は異なる）	区市町村が事業委託した専門家（心理士・大学教員等）による，幼稚園，小中学校への巡回相談（コンサルテーション，研修講師等，自治体により人材確保・制度の整備状況は異なる）。
	・特別支援学校のセンター機能	特別支援学校（養護学校等）に所属する専門性を有する教師（特別支援教育コーディネーター等）による支援。校区内の保育所・幼稚園等，小中学校・高等学校の教師へのコンサルテーション。研修講師派遣等。
④地域療育	・障害児の療育機関との連携・派遣（通園施設・療育センター等）	療育機関を利用・併用する保育所・幼稚園等在園児への支援・連携。保育者への技術支援等。療育機関から保育所・幼稚園等へ就園した児童のフォローアップとして訪問も実施（移行支援）。
	・障害児等療育支援事業	都道府県から事業委託を受けた専門施設が該当地域の保育所等へ専門職を派遣（心理士，言語聴覚士，理学療法士，作業療法士等）。技術支援・コンサルテーション・研修講師等を通じた支援を行う。
	・巡回支援専門員整備事業	発達障害等に関する知識を有する専門員が，保育所等を巡回し，スタッフや保護者の助言等の支援を行う。
	・発達障害者支援センターの支援	発達障害児（者）および家族，関係者への相談支援，各種研修の実施。講師派遣等。
⑤その他	NPO・大学・研究機関	社会貢献活動・教育活動・研究活動

注）制度の整備状況・実績等は自治体により大きく異なる。各該当地域にて確認すること。

家が派遣される場合もある。そして，障害児の専門療育を行う施設の**outreach型（出前型）**のサービスとして，各種の専門家が保育所や幼稚園等に派遣されることもある。さらに，幼児期においても**特別支援教育巡回支援員**による支援が行われている。こうした制度とシステムを，是非有効活用したい（表9-3参照）。

　次に，相手の専門性を理解し，その積極的な活用を図ることが重要である。「とにかくこの子を見てください」といった安易な依頼は控えたい。保育者側がカ

ンファレンスの「検討課題」を明確にし，事前に巡回相談員に伝える必要がある。もちろん，検討の材料となる子どもの記録も，事前に閲覧してもらう。そして，巡回相談当日は，支援対象となる子どもを，その園の日常場面で観察してもらい，その上でカンファレンスに出席してもらおう。さらに，カンファレンス実施日以降の各園の実践や支援の経過は，次回のカンファレンスで巡回相談員に報告したい。

（2）依存的関係に陥らず，実践者としての主体性をもつ

「専門家の先生に，とにかく指導してもらおう…」。こうした受動的な意識では，カンファレンスは実りある成果を生まない。巡回相談員のもつ専門性を活用しつつも，保育者自身が，自らの実践の質の向上を目指す主体性が求められる。保育実践と支援の担い手は，他ならぬ保育者なのだ。巡回相談員は"水先案内人"にはなれるが，航海の"舵取り役"は，あくまで保育者である。

例えば，巡回相談員のアドバイスが，（理論上は的確でも）各園の現実に合わない場合もある。外部の専門家は現場の実情をすべては熟知していないからである。また，巡回相談員によっては，多岐にわたる支援方法を提起してくる。したがって，保育者側には，専門家から提供される情報の「取捨選択」が求められる。そして巡回相談員は，保育技術の専門性を必ずしももつとは限らない。アドバイスは行うが，それを日々の実践の「どんな場面」で「どんな活動」で展開するかは，保育者側の創意工夫に託されている。このようにカンファレンスでは，専門家からの情報を「鵜呑み」にするのではなく，どう「咀嚼」して，実践の「栄養」とするか？　その発想が不可欠である。

（3）お互いの専門性を尊重し，対等なパートナーシップを築く

「私たちは素人だから，障害のある子はやはり専門家の判断を…」。巡回相談のカンファレンスでは，時折，こうした発言が聞かれる。しかし，本当にそれでよいのだろうか？　保育者は決して"素人"ではない。保育者と巡回相談員は，子どもとかかわる方法や観点は異なる。しかし，両者がプロの職業人であ

ることに相違はない。そして，こうした自覚を前提とした"対等な関係"が，保育現場と外部の専門家の間に，信頼関係と健全なパートナーシップを生む。

そして，この"対等な関係"に着目した専門家による支援形態として，**コンサルテーション**が知られている。コンサルテーションの前提は，巡回相談員と保育者間の，一方的ではない「相互の」かかわり合いである。そして，両者の専門性と「対等な関係」を重視する。そして，保育の実践上の諸課題を，保育者自身が，日ごろの「仕事の中で」主体的に解決することを目指す。そして，この関係においては，巡回相談員などの専門家は保育者にとって，同じ目標に向かうパートナーといえるであろう。

（4）自分たちの保育実践を伝え，語り合う

保育者自身の実践の到達点と，既存の支援方法を言語化しよう。つまり，保育現場がこれまで継続してきた取り組みや，現在，工夫・配慮している働きかけを大いに語り，巡回相談員に伝えよう。その報告は，巡回相談員が訪問先の保育現場の現実に即したアドバイスを考える上で，極めて貴重な情報源となる。

そして，巡回相談員へ「質問」をするだけでなく，保育者の側からも積極的に「提案」をしよう。つまり「〇〇君にこんな方法はどうか？」「こんな働きかけを試してみた」という"アイディアやプラン"をお互いに出し合う関係が期待される。そしてこのとき，専門家はアドバイザーとして振る舞うだけでなく，**ファシリテーター**として，その場の保育者の発想や提案を引き出し，検討を活性化させる上でも一役買っているのだ。

カンファレンスは，"その子をどう支えるか"を考えることからスタートする。しかし，その営みの地道な積み重ねは，結果として，保育現場"全体"の実践に細やかさと深まり，そして創造性をもたらす。また，保育者同士が語り合うことで相互理解が生まれ，お互いの潜在的な力を引き出し合う関係が出来上がる。さらに，立場や専門性の異なる人々を結びつけ，地域の資源としての保育所や幼稚園等の力を高めるチャンスとなる。今後，カンファレンスに関する知識と技術は，保育者の専門性の中身として，ますます重要となることであろう。

第Ⅲ部 連携と協力による支援

第10章
関連機関との連携・協力のあり方

1. 地域・社会との連携・協力を考えるにあたって

(1) なぜ連携・協力を考えなければならないのか

　障害者が家庭において，あるいはそれに近い状態で生活することが望ましいとして，国際連合は1981（昭和56）年を「国際障害者年」と定めた。日本においても，それ以降，ノーマライゼーションの理念の下，障害者が一般市民と同様に，社会の一員として活動し生活することができるよう，障害者に対する対策が図られてきた。2002（平成14）年からは新障害者基本計画に基づいて，新障害者プランが策定され整備が進められてきた[1]。その中で，障害児通園（児童デイサービス）事業，重症心身障害児（者）通園事業等は，生活支援の地域基盤整備の中で障害児の支援に直接影響する制度改革となってきた。2012（平成24）年には，**児童福祉法**，**障害者自立支援法**の一部改正が行われた。ここでは，障害児支援の強化が謳われ，これまでの障害児通園（児童デイサービス）事業，重症心身障害児（者）通園事業は，大きく変革を迫られ，それにより生活支援の地域基盤整備も新たな局面を迎えた。さらに2013（平成25）年には障害者自立支援法は，「障害者の日常生活及び社会生活を総合的に支援するための法律（**障害者総合支援法**）」と改称・改正され，新たな障害保健福祉施策が講じられている。

　保育の場でもインクルージョンを目指し，特別な保育（教育）的ニーズ（以下，本章において障害と記す）のある子どもたちを積極的に保育所や幼稚園な

どで受け入れる地域が増えている。このような現状を鑑みても，保育者が関連機関との連携・協力関係について考えることは重要であろう。そのことは障害のある子どもの生活（あるいは発達）を支援していくための基盤となるからである。

　保育あるいは，障害のある子どもの保育をよりよく行うための視点は，保育所や幼稚園などといった限定された生活の場の相互作用にのみあるのではない。場に影響を与える制度といったマクロ部分の影響も考慮しなければならない。

（２）連携・協力を考えるにあたっての発達論的視点（ブロンフェンブレンナーの生態学的環境）

　関連機関との連携・協力関係を考えるにあたって参考になる思考のためのモデルがある。ここでは，ブロンフェンブレンナー（1979）が示した**生態学的環境**について説明を行う。ブロンフェンブレンナーは個人を取り巻く環境を，**マイクロシステム，メゾシステム，エクソシステム，マクロシステム**の四つの水準に分類し，この四つの水準が**入れ子構造**をなしているとした[2]。この入れ子構造に共同体の発達という時間的要素を視野に入れて模式化したものが，図10－1である。各システムの破線は，各システムの間が相互に影響し合うことを示している。

　マイクロシステムとは，家族，保育所といった個体が直接体験する環境をいう。メゾシステムとは，家庭と保育所，児童発達支援センターと家庭といったマイクロシステム間の関係を表す環境である。エクソシステムとは，親と親の会社の人との人間関係，保育者と特別支援学校の教員との人間関係など，個人に間接的に影響を与えるような環境をいう。マクロシステムとは，ノーマライゼーションを目指す国の制度改革など，日本という国の社会制度，文化といった環境が含まれる。マクロシステムには，四つの水準の環境（マイクロ，メゾ，エクソ，マクロシステム）に，統一性や一貫性を生じさせる情報が含まれていると考えられる。

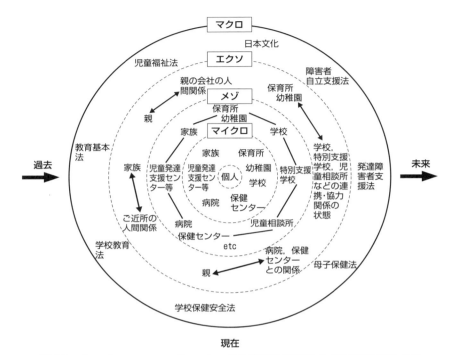

図 10 − 1　ブロンフェンブレンナーの生態学的環境の入れ子構造の模式図
（荻野（1997）[2]を参考に筆者が作成）

　子どもたちは環境から複雑な影響を受ける存在であることを認識することで，広い視野に立った障害児保育の実践が可能となる。

2．関連機関との連携・協力

　「第10章　1．」では，障害児保育を担う保育者として連携・協力をなぜ考える必要があるのか，また生態学的環境モデルに基づきミクロな次元からマクロな次元までの複雑な環境の影響を意識する必要性を述べてきた。ここでは，保育者が障害のある乳幼児を保育するにあたって，連携・協力をすることが障害のある乳幼児の発達支援に大きく影響すると考えられる施設および事業に焦点

第10章　関連機関との連携・協力のあり方　　*141*

を当て解説を加える。また，実際に連携・協力によって支援を行った事例を紹介する。

(1) 障害児通所支援の概要

　児童福祉法，障害者自立支援法（現・障害者総合支援法）が一部改正され，2012（平成24）年4月に施行された。これまで障害種別で区分され行われていた支援（知的障害児通園施設，難聴幼児通園施設，肢体不自由児通園施設，重症心身障害児（者）通園事業）が一元化され，**障害児通所支援（児童発達支援，医療型児童発達支援，放課後等デイサービス，保育所等訪問支援）**となった。この法改正は，支援を必要とする子どもが地域で質の高い療育を受けられる場を保障しようとするねらいで行われた。

1) 児童発達支援

　身近な地域の障害児支援の専門施設（事業）として，通所利用の障害児への支援だけではなく，地域の障害児・その家族を対象とした支援や，保育所等の施設に通う障害児に対し施設を訪問して支援するなどの地域支援に対応する。対象は身体に障害のある児童，知的能力障害のある児童または精神に障害のある児童（発達障害児を含む）である。3障害への対応を目指すが，障害の特性に応じた支援の提供も可能である[3]。

①　福祉型児童発達支援センター・児童発達支援事業

　日常における基本的な動作の指導，知識技能の付与，集団生活への適応訓練などを提供する。また障害の特性に応じて支援を提供する。児童発達支援センターおよび児童発達支援事業とも，通所利用障害児やその家族に対する支援を行うことは共通であるが，児童発達支援センターは，施設の有する専門機能を活かし，地域の障害児やその家族への相談，障害児を預かる施設への援助・助言をあわせて行う，地域で中核的な役割を果たす点で，児童発達支援事業と異なる[3]。

②　医療型児童発達支援センター

　児童発達支援および治療を提供する。また，また障害の特性に応じて支援を

提供する[3]。

2）放課後等デイサービスの概要

　学校通学中の障害児に対して，放課後や夏休み等の長期休暇中において，生活能力向上のための訓練等を継続的に提供することにより，学校教育と相まって障害児の自立を促進するとともに，放課後等の居場所づくりを推進するものである。

　対象は，学校教育法に規定する学校（幼稚園，大学を除く）に就学している障害児である。学校終了後または休業日において，①自立した日常生活を営むための訓練，創作活動・作業活動，地域交流の機会の提供，余暇の提供を行う。②学校との連携・協働による支援を提供する，ものである[3]。

3）保育所等訪問支援の概要

　保育所等を現在利用中の障害児，または今後利用する予定の障害児が，保育所等における集団生活の適応のための専門的な支援を必要とする場合に，「保育所等訪問支援」を提供することにより，保育所等の安定した利用を促すものである。

　「集団生活への適応度」から支援の必要性を判断された児童，発達障害児，その他の気になる児童が，保育所，幼稚園，認定こども園，小学校，特別支援学校等，集団生活を営む施設として地方自治体が認めた施設に通っている場合，対象となる。具体的な支援の内容は，①集団生活適応のための訓練等，障害児本人に対する支援，②支援方法の指導等訪問先施設のスタッフに対する支援などが供与される[3]。

（2）医療・保健機関との連携・協力

　障害のある子どもは，乳幼児期には特に健康状態や障害の見極めについて，および保健指導（身体や精神を含む）といった点からの配慮が重要になる。ここでは，子ども病院での発達援助への取り組みシステムと市町村保健センターで行われる健康診査を取り上げて医療・保健機関との連携・協力の必要性を考える。

1）子ども病院

　子ども病院には，概ね発達に問題のある子どもの発達を支援する組織が整備されている。そこには，小児科，リハビリテーション，児童精神医学等，子どもの健康および障害に対応できるような医師がいる。医師の診断後，健康状態に配慮して，障害に応じた療育を受ける。**理学療法，作業療法，言語聴覚療法，心理療法**といった療育・訓練を個別あるいは小集団で受ける体制が整えられている。

　理学療法では，うつぶせ，おすわり，歩く練習といった運動機能の発達を促す訓練，呼吸のための機能訓練，摂食動作などの機能訓練を行う。また下肢装具，車椅子などの装具や福祉機器の検討なども行う。作業療法では，主に微細・粗大運動機能の発達を促すための療育・訓練を行う。言語聴覚療法では，口唇口蓋裂などによる発声発語器官の問題や聞こえの問題，吃音等の言語の障害についての機能訓練，および摂食嚥下機能についての訓練を行う。心理療法では，遊戯療法や箱庭療法，カウンセリングなどを通して障害児のこころの問題に対応する。

　以上，概説したように子ども病院は，子どもの障害に応じて，その個人に適した治療や療育の場となる。

2）市町村保健センター

　市町村保健センター（健康福祉センター，福祉保健センターなど各地域で呼び名は異なる）では，母子保健法（1965（昭和40）年8月制定）の第12条および第13条の規定に基づいて，乳幼児健康診査を行っている。

　通常，4か月，1歳6か月，3歳という年齢での健康診査（以下，健診と記す）が行われている。10か月，2歳でも健診を行う地域もある。また，健診後にフォローが必要な母子には○○教室，発達相談といった育児相談や育児支援の場を設けるシステムが整備されている。各健診では成長の程度，歯科検診，内科検診などによる子どもの発育状態が評価される。以下に，各時期に行われる健診の特徴的な発達評価の視点について説明を加える。

　4か月健診では，首のすわり等，運動発達の問題を中心にした早期発見・早

期治療を目指す。1歳6か月健診や3歳児健診では，コミュニケーションの出現等から言葉や認知発達の問題の早期発見・早期治療を目指す。最近では，発達障害のある子どもの早期発見・早期治療を目的に5歳児健診に取り組む地方自治体も認められる（詳細については次の節で述べる）。

　市町村保健センターの健診の取り組みは，これまで述べてきた施設の取り組みと異なる部分がある。これまで取り上げてきた児童発達支援，病院の支援等は，すでに子どもの障害がわかっているか，ある程度わかっている子どもと保護者が対象となっている。しかし，保健センターの取り組みは，まだ障害として認知されているわけではないが，その可能性がある子どもたちを早期発見し早期治療へ促そうとするものである。したがって，この取り組みは，保護者がまだ子どもの状態に十分な理解が得られていない状態から始まることが多く，児童発達支援など本格的に子どもの支援を行うために，他の施設と連携・協力していく上で重要な取り組みといえるだろう。

　2012（平成24）年4月の児童福祉法の一部改正により，特に（1）で紹介した施設は，変化の只中にある。このことは，ブロンフェンブレンナーの図10－1で考えると，障害のある子どもの発達に影響を与えるマクロからマイクロシステムすべてに変化が生じることを意味する。障害のある子どものよりよい発達を目指す支援を思考し実践するための連携・協力を考えるに当たっては，幾層にも生じる変化を捉える専門性が必要と考えられる。

（3）連携の実際

　事例10－1は，5歳児健診をきっかけに保育所および医療機関との連携が始まったケースの巡回相談時のデイリープログラムとそれに基づいた臨床発達心理士の観察記録である。対象児は5歳10か月の男児である。

事例 10 − 1　巡回相談当日の保育内容（デイリープログラム）と対象児の観察記録

　巡回相談当日の観察時間帯の保育内容（デイリープログラム）は以下のようなものであった。なお、この日の観察者（健康診査型巡回相談スタッフ）は、保健師 2 名，心理担当者 1 名で行われた。

　　7：30〜9：00　　登園
　　　　　　　　　　戸外遊び
　　9：40　　　　　 片付け
　　　　　　　　　　おやつ・絵本
　　10：20　　　　　製作「どんぐり」（折り紙でどんぐりを折る。台紙に貼ってある "バスケット" に「どんぐり」を糊で貼る）
　　11：00　　　　　体操（戸外にて，「エビカニクス」，「ヤンチャリカ」の歌で）
　　11：30　　　　　食事準備（当番活動）
　　　　　　　　　　食事
　　　　　　　　　　午睡準備

　戸外遊び時から，ひとりで園庭に落ちているドングリを空き缶の中に集めることに熱中している。保育者が保育室に入るよう声をかけても，保育室へ移動する様子もなくドングリ集めに熱中している。年中クラスの子どもたちがいなくなっても構わず，ドングリの入った空き缶をもってうろうろしている。「先生がお部屋に入ろうっていってるよ」と声をかけてみると，「お父さんのおつまみをつくってる」という返事が返ってくる。外の水のみ場で，空き缶の中に水を入れて「あくをぬく」という。戻ってこない Y 児を先生が呼びに来る。すると，少し混乱した様子となる。ドングリの入っている空き缶をどうしていいのか，わからなくなってしまった様子であった。水道の上に缶を置き，観察者に向かい「みてて」といい，保育室に戻る。保育室では，絵本の読み聞かせが行われていたが，簡単な起・転・結程度の物語絵本でも，机に上体をたおし，最後まで注意が向かない様子であった。製作活動は，ドングリを折り紙で折るのがメインの活動だったせいもあってか，水道においてあったドングリを思い出し，落ち着かなくなる。外のドングリを見ようと立ち歩いたりする場面もあったが，保育者に声をかけられるとすぐに戻り，活動に参加していた。観察者がそばに行くと，自分から話しかけてくる。しかし，話の内容が活動内容とは違

うため，何を言っているのかわからないものが多い印象であった。文脈と関係なく，Y児が想起したものをどんどんと話してくる。友達との会話でも，話が嚙み合わず，一方的に話している様子となっていた。

体操は，「エビカニクス」，「ヤンチャリカ」という音楽と歌に合わせて体を動かすものであった。一連の動きを順番に模倣していくことがうまくできず，立ってみている場面が多く見られる。しかし，その場から離れてしまうことはなかった。食事場面も，特に気になるような行為は認められない。常に，自分の想起したことを一方的に話す様子は，変わらなかった。発音もサ行のタ行への置換など不明瞭なところはあったが，それよりも，Y児の話の内容を理解することに気をとられてしまう，というようであった。

この日の観察では，「お父さんのおつまみにする」と言っていた，ドングリの空き缶に注意が向き，落ち着きがなくなる場面が何回かあった。また，脈絡なく一方的になりがちとなる会話，および絵本や体操など系列がある行為に集中できない，といった点が気になる点と思われた。しかし，保育者が，少し促すことで保育者の指示に従っていけることなどから，指示理解や状況の理解が著しく困難になっている状態とは思われなかった。

（本記述は，石川（2007）[4]より引用）

当時保育者は，対象児の友達とのかかわり，保育活動中の逸脱行動，言葉の問題について，対象児とどのようにかかわるのがよいのか，また，保護者に子どもの様子をどのように伝えるのか，について悩んでいた。この5歳児健診を通して，それまで大きな問題意識をもたなかった保護者が，子どもの生活場面での生きにくさを理解し，医療機関を受診した。医師より高機能広汎性発達障害（認知の発達に明らかな遅れがない自閉スペクトラム症）と診断され，以降，医療機関での言語聴覚士による言語訓練を受けながら，保育所に通所することとなった。また，保育所でも担当保育者以外に加配保育者が付き，対象児の逸脱やかかわりの問題に対応した。その結果，対象児の逸脱の問題や言葉の問題が改善されている[4]。この事例は，他施設をつないでいく役割がとれるようになるだけでも，子どもへの発達援助の可能性が広がることを示唆した。さらに深い連携・協力のあり方を模索することが今後の課題といえる。

3．連携・協力の新しい動き──
　　巡回相談型健康診査の取り組み

　生態学的環境（図10 - 1）を参考にしながら，障害のある子どもに影響する環境である，家族，保育所，幼稚園，施設，病院，保健センター等が，子どもの発達にさらに有効な場となることを，連携・協力といった視点で捉え直してきた。ここでは，乳児期，幼児期，児童期，青年期といったように表現される個人の発達というものがあるように，地域・社会という共同体にも共同体自体の発達があるということ，共同体の発達が個人の発達に影響を与えることを，市町村で実践が試みられつつある巡回相談型健康診査（5歳児健診）を例に考えていく。

（1）5歳児巡回相談型健康診査の取り組みにいたる背景

　2004（平成16）年に**発達障害者支援法**が制定され，2005（平成17）年から施行された。発達障害者支援法はその目的を次のように明文化している。

　「発達障害者の心理機能の適正な発達及び円滑な社会生活の促進のために発達障害の症状の発現後できるだけ早期に発達支援を行うことが特に重要であることにかんがみ，発達障害を早期に発見し，発達支援を行うことに関する国及び地方公共団体の責務を明らかにするとともに，学校教育における発達障害者への支援，発達障害者の就労の支援，発達障害者支援センターの指定等について定めることにより，発達障害者の自立及び社会参加に資するようその生活全般にわたる支援を図り，もってその福祉の増進に寄与することを目的とする」（第1条）。また，その条文では，市町村は，母子保健法第12条および第13条に規定する健康診査を行うに当たり，発達障害の早期発見に十分留意しなければならない（第5条第1項）と謳っている。

　この発達障害者支援法制定の前後より，市町村保健センターでは，3歳児健康診査の後の取り組みとして，5歳児健康診査を取り入れる実践がなされるようになってきたのである。以下に筆者がかかわるT県のある町の5歳児巡回

相談型健康診査の取り組みを紹介する。

（2）取り組みの実際

のびのび発達相談（5歳児巡回相談型健康診査）は，発達障害者支援法第5条に基づき，3歳児健康診査までに発見が困難である発達障害児を，保育所・幼稚園など発見が容易となる集団生活の場で早期に発見し，適切な対応と二次的な不適応を予防すること，および保護者への支援を行うことを目的として行

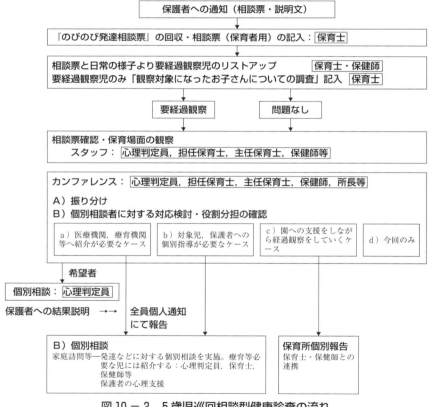

図10−2　5歳児巡回相談型健康診査の流れ

われている。図10－2に実際に実践されている5歳児巡回相談型健康診査の流れを示した。従来の健康診査では保健センターに対象年齢の子どもを抽出し，保健師による問診等を軸に健診が行われてきた。しかし，軽度の発達障害のある子どもの場合，このような健診形態では問題は指摘されにくい。その後に健診はないため，就学後に問題が指摘されることが多かった。そこで，5歳児健診では，その町内の児童福祉施設等（幼稚園も含む）に在籍している幼児で年度内に5歳になる全児童を対象とし，その児が通う施設で子どもの様子を観察するという，従来の健診とは異なる手段を取り入れた[5]。

5歳児巡回相談型健康診査を実施して明らかとなってきたのは，保育者が，クラス内で20〜30％程度の子どもを「何か気になる子」として捉えていたことである。例えば30人のクラスでは，6〜9人前後となる。調査票の内容検討，観察，および保健師の情報などを考慮し，保育者が漠然と気になるとした子どもには，「養育の問題」，「中度から軽度の知的能力障害」，「発達障害」といった子どもの問題が含まれていることがわかってきた。これらの子どもに対しそのニーズに合った発達の援助を行うための取り組みが，これからさらに各施設のスタッフによる連携・協力により発展していく可能性がある。

この取り組みの例からもわかるように，発達障害者支援法制定などマクロシステムレベルで法や制度が変化すると，地域社会全体の取り組みが変わる。すなわち，その方針に則って障害のある子どもたちへの援助内容も働きかけ自体も変化する。このような地方自治体の体制の変化が退行ではなく地方自治体自体の発達，そして個人への発達援助に有益となるように，障害のある子どもたちとかかわる者は，それぞれに連携し，協力し合うことが重要となる。

4．障害児保育を担う保育者としての連携・協力の捉え方と保育者自身の発達

ノーマライゼーションを目指す社会において，保育や教育の場のインクルージョンは，ある面，当然と捉える時代が目の前に広がっている。しかし，実際

には，どのような連携・協力がよいのかについては，まだ，模索し始めた段階である。このような時代を保育者として障害児保育に携わらねばならない者は，漠然としてはっきりとしない霧の中を手探りしながら進んでいるようなものなのではないか。中には，何の問題意識ももたない者もいるのかもしれない。

個人の誕生から死にいたるまでの発達に援助をすることだけが，発達援助という概念ではない。個人の発達を援助する者が，組織間で，組織を越えた相互作用から人間として発達を遂げていくということも発達援助には欠かせない概念であろう。この両面が調和して発展し続けていくことが重要となる。

(1) 効果的な連携・協力をするために保育者としてもつべき視点

障害のある子どもとかかわりをもつ各施設や施設のスタッフとよりよい連携・協力を模索するために，保育者として意識しておく必要がある視点を具体的に以下に記述する。

1) 入園以前から障害がはっきりと認められている子どもの場合

保護者の了解の下に，医療機関，児童発達支援センター等，対象児がかかわっていた施設からの情報提供を事前に求めておく。また，できるかぎり施設での子どもの治療・訓練の様子を見学することで，対象児への個別的なかかわり方を知る。その情報を集団保育に活かす工夫をする。

2) 入園前に気づかれなかったが，何らかの障害が疑われる子どもの場合

保護者の了解の下に，健診での子どもの様子などの情報を得る。保健センターの保健師との連携を密にしておく。また，子どもの発達の専門家による巡回相談が実施されている地域では，巡回相談を利用し，保育者以外の視点での子どもの見方を得ることで保育指導の一助にする。

3) 定期的に施設間カンファレンスをもつ

お互いの施設スタッフ間で子どもの変化の情報を共有し合う。各施設が子どもの発達援助の質を高める工夫を行う中で，保育所・幼稚園などの保育活動をどのように行うかを考え実践する。

（2）連携・協力を通して発達する保育者

　＜私＞が住まうこの地域，この国は，どのような制度があり，どのような枠組みの中で，障害のある子どもを育もうとしているのか。子どもにかかわる他機関のスタッフは，どのような願いをもち子どもとかかわっているのか。それらを知る保育者である＜私＞は，毎日の保育をどのような願いで実践し，子どもたちは保育をどのように受け入れているのか。そこに生き生きとした子どもたちの姿はあるのか。

　各施設で働くスタッフがどのように子どもたちに働きかけるのかを学ぶことから，今まで気づかなかった子どもの見方や子どもへの対応の仕方がみえてくる。しかし，一方ではそのような見方や，やり方に対する批判や疑問も生じてくるであろう。お互いに領域を越え議論する。このことが障害のある子どものさらなる理解につながり，組織を越えた信頼関係を生み出す。結果として，保育者として発達し続ける自己への気づきと自覚が深くなる。

　生きることに困難を抱えている子にはどのような配慮が今必要なのか。保育所・幼稚園などといった場を越えて考えられる能力を高める努力が，これからの保育者には求められる。

■引用文献

1）厚生労働省編：平成18年度版厚生労働白書，p.153，ぎょうせい，2006
2）荻野美佐子：「社会的発達の文化的視点」（井上健治・久保ゆかり編著：子どもの社会的発達），p.229，東京大学出版会，1997
3）厚生労働省社会・援護局障害保健福祉部障害福祉課，児童福祉法の一部改正の概要について（資料），pp.1-30，2012
4）石川由美子：「5歳児を対象とした巡回相談型健康診査の発達援助の方向性―高機能広汎性発達障害の事例から―」，臨床発達心理実践研究，2，pp.65-74，2007
5）塩谷町役場：塩谷町のびのび発達相談マニュアル，未公刊，2005，2006

第Ⅲ部　連携と協力による支援

第11章
保護者対応と保護者支援

1. 保護者対応と保護者支援

　保護者が，子どもをめぐる様々な問題を抱えた場合，その悩みは深い。まずは，当面の課題への対処にせまられる。しかし，状況によっては，課題を抱えた子どもと保護者，両者を取り巻く人間関係の中で，その課題の本質を見極め，それぞれへの対応と支援を考えなければならない。

　保護者への対応と支援は，今直面している課題をどう乗り越えるかを考える視点と，その課題の背景を探りながら保護者の課題と，子どもの発達課題を見据えたかかわりの視点が必要である。今の保護者の気持ちを受けとめ，その気持ちに寄り添いながら，保護者の気持ちへの共感的理解と子どもの課題への対処に向けてどうかかわるかという「**保護者対応**」と，経過をみながら課題の要因を探り，長期的な展望にたって援助する「**保護者支援**」である。

　保護者への対応と支援の基本は，気になる事態が気にならない状態になる，あるいは軽減されるといった，事態の改善を図りながら「I am OK」と言える**ウェルビーイング**な状態をつくることである。保護者も子どもも安定した状態を取り戻すために，意識や行動，生活全般を改善し，改善後も問題が再発しないように，予防したり予後の発達を促進するためのプログラムやアドバイスなど，多面的に捉えた支援を模索する必要がある。

2．保護者の状態・状況に応じた保護者支援

（1）親の子育て不安と子育て支援の必要性

　近代化・都市化が社会全体に進行した今日，便利で快適な生活が保障された一方で，人として育ち，生きる環境は様々な人間疎外現象に悩まされている。社会では人間関係が希薄化し，人が集い，ともに生きる場を失った。また，社会構造や価値観とともにライフスタイルが変化して核家族化・少子化が進行した。その結果，家庭では家族関係や親役割の従来のモデルが崩れ，地域では相互性の乏しい人間関係になった。

　そうした変化は子育てにも影響を及ぼしている。子育ては，従来地域の人間関係に支えられて行われてきた。しかし，その関係の希薄な今日では，親だけが子育てに孤軍奮闘しなければならなくなった。周りにモデルも援助もなく，育児書片手の育児は，「考える育児」になり，かかわりの実感の乏しい不安な「作業」になってしまう。保護者の子育てをサポートし，不安を軽減する支援が，今必要となっている。

　保護者への対応や支援を考える上で，こうした時代的背景を十分に理解しておく必要がある。

（2）子どもを産み育てること―その喜びとしんどさ

　子どもを育てる過程で，保護者は，様々な迷いや葛藤を経験するものである。ことに初めての子育ての場合，親としての経験が浅く，どうしてよいかわからない戸惑いと我が子をよく育てたい思いとの間で揺らぐ。その不安感は，保護者に心理的なストレスを与える。ましてや，子どもが課題や障害を抱えた場合は，測り知れない苦悩が襲う。

> **事例11-1　みんなの中に入れない（H男：3歳児）**
> 　育児サークルにいくつかいったが，どこに行っても私から離れられず，一人で遊ぶ。ある日，団地の家から一人で出て，しばらく帰ってこない。帰ってきたとき，何してきたのかと聞くと，遊んできたという。一人で行かせるのはどうかと思いつつ，「まあいいか」と何回か放っておいた。そんなとき，近所の奥さんから，他の子をいじめるので一緒に出てきて見てほしいといわれる。砂をかけたり，突き飛ばしたり，相手の物を取ったりしていたらしい。ダメと行っても聞かない。来年，幼稚園に入ることになっているので，このままでは困るのではないかと悩む。
> 　　　　　　　　　　　　　　　　　　　　　　　　　　　　（寺見，2001）[1]

　H男は，体格もがっちりしていて大きく，何でも力ずくでしてしまう。育児サークルでも一人で遊び，他の子どもとよくトラブルになる。一旦母親から離れて遊びだすと，他のことは目に入らなくなり母親すら無視する。ときには母親を命令口調でどなり，まるで奴隷のように使う。自分の思いが通らないと手がつけられなくなるので，母親も言いなりになってしまう。サークルでの親子活動にもまったく興味を示さず，母親の誘いを無視して一人で遊び続ける。母親は対応に悩みつつも，どうしてよいかわからない様子である。

　この母親は結婚後，なかなか子どもに恵まれなかった。父親は農家の長男で，母親は周りから跡継ぎを産むことを強く求められ，身のおきどころがなかった。様々なところに相談にいき，医療機関で不妊治療を受けながらやっとH男を授かった。だから，H男が生まれたときの喜びはひとしおだった。しかし，実際の育児は，父親の勤め先の社宅で自分一人が担い，周りに知人も援助を受ける人もない中で迷いながらの育児だった。聞けば，家ではほとんどビデオを見せて過ごしていたそうである。H男には特に問題はなかったが，親子のかかわりに気がかりな様子が見られた。母親との面接を通して，不妊治療の過程で感じたストレスや無理して子どもをもうけたことが自責の念につながり，親として主体的に自信をもって子どもと向き合うことができなくなっていることがわかる。

> **事例11－2　自閉症かもしれない（T男：2歳半）**
>
> 　妊娠中，つわりがひどかった以外は，特に問題はなかった。生後9か月の時高熱を出し，医師から急性小脳炎ではないかといわれる。その後，泣かない，笑わない，抱いても嫌がる。モノをまわすことに熱中するが，楽しいからするのではなく「はまる」感じ。自閉症ではないかと思い，1歳半の時相談に行く。心理判定の結果，どうなるかわからないが問題があるといわれる。親のせいではないといわれ救われる。身内からは母親の接し方が悪いのではないか，一生懸命していないのではないかといわれ，自責の念で一杯だったから。一生懸命かかわってもT男は私の手を払いのける。ショック，でも「かかわらなきゃ」とがんばった。一日中2人きりなので，こんな様子や自分の気持ちは周りにわかってもらえない。子どもの育ちを喜べない日常に落ち込むが，できるだけ出かけてイキイキできるようにしようとしているところ。主人が何でもしてくれて「大変なのに，ようやってるなあ」と言ってくれるので，救われている。
>
> 　　　　　　　　　　　　　　　　　　　　　　　　　　　　（寺見，2002)[2]

　我が子の障害に気づいたとき，保護者はその現実に打ちのめされる。ある母親は，子どもと一緒に死のうと何度も考えたという。周りの子どもを見るのが辛い，近所の子どもの声に家の戸を閉めてしまう，子どもを連れて歩けない，周りの目がとても気になる，鬱になったりハイになったり気持ちが安定しないなど，我が子の障害を受容しきれないことが多い[3]。

　この事例の母親にとって最も辛かったのは，身内の言葉と対応の冷たさであった。しかし，夫が協力的であり，その後出会った心理の専門家とともに障害のある子どもと親の会をつくり，同じ境遇の保護者仲間をもったことが，心の支えになったという。しかし，子どもの成長と，就学や将来への不安がいつも心に重くのしかかり，時々鬱的になってカウンセリングを受けに行くそうである。

（3）保護者の背景と育児ストレス

　子どもとのかかわりの過程で生じた些細な混乱が日常的に蓄積されて，否定的な感情や統制不能感に満ちた身体的・精神的不安定状態を育児ストレスとい

う(田中, 1998)[4]。それは育児に対する否定的自己評価を生じさせ, 時には様々な心身症状を引き起こすこともある。このストレスは, 保護者の個人的特性(子どもに対する感受性や自尊感情, 統合失調・抑鬱・神経症等の精神疾患など), 生活状況(生活の利便性, 経済状態, 家族関係, 援助関係など)や子どもの特性(年齢, 気質, 行動特性, 育てやすさなど)によって異なる(輿石, 2003)[5]。また, 「3歳までは母の手で」, 「子育ては親の責任」などの社会的通念が心理的軋轢になることもある(大日向, 2002)[6]。

　育児をする保護者の心理は, 子どもといると幸せな気持ちになるといった満足感や充実感と同時に, 自分の時間がなくてイライラするといった拘束感, 子どもとどうかかわればよいかわからなくなるといった当惑感, 育児をしたくないといった忌避感などの否定的感情が交錯する不安定なものである(図11-1)。その心理は, 保護者の背景, 例えば, 年齢, 就労の有無, 子どもの数, 家族数, 同居の有無, 母親の生育歴(母親の親の養育態度, 幼少期体験など), 学歴などの母親の属性や, 日常生活の満足感や疲労感・抑鬱感,, 妊娠・出産・育児の経験やその満足感・達成感, 子どもとの相性, 育児サポート(夫, 親, 友人, 近隣の人)の有無などの環境要因によって異なる。年齢が若く, 初めて子育てをする, 就労しないで育児に専念している, 幼い頃親からあまりかかわってもらえなかった, 親になるまであまり子どもとかかわった経験がない, という母親は, 対人関係において, 親しくなりたいがなれない, あるいは親しくするのが苦手など人への親密不安が高いために, 子どもとの関係においてストレスを感じやすくなる。また日常生活で疲労感や抑鬱感があり満足感がもてない, 育児のサポートがない, 夫からの協力が得られないという場合も, 育児へのストレスは高くなり, 結果的に地域の育児支援活動への参加にも消極的になってしまうという悪循環に陥りやすい(図11-2)。

(4) 育児ストレスの要因

　ブレスキー(Blesky, 1984)[7]は, 親になっていく過程に影響する要因として, 母親の資質(身体の健康状態や精神状態, 自尊感情や子どもへの感受性など),

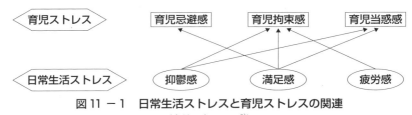

図11-1　日常生活ストレスと育児ストレスの関連
（寺見・南，2003[8]）

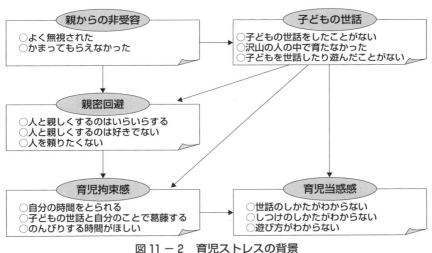

図11-2　育児ストレスの背景
（寺見・南，2006，2007[9]）

子どもの個性（気質や障害など），育児環境のストレス（生活の利便性，経済状態，夫婦や家族の関係，地域関係など）をあげている。それらに何らかの問題が生じると，親としての行動に不全をもたらし，子どもの成育に影響を与える。

1）子どもの状態

子どもは，それぞれの個性的な資質をもって生まれてくる。育てやすい子どももいれば，あやしても泣き止まないなど育てにくい子どももいる。育てにくい子どもや病気・障害など大きな問題がある場合は，保護者の心理的ストレス

は大きくなる（水野，1998）[10]。また，妊娠期間や分娩時，出産後の親子の両者の状態も，その後の子育てのストレス要因になる[11]。

2）保護者の健康と生活状況

育児は肉体的にも精神的にもエネルギーのいる営みである。保護者が健康でなければ，ストレスフルな育児生活に耐え切れない。身体的な不自由さや病気，精神的疾患（鬱，神経症など）を抱えた場合，子どもの世話やかかわりがしにくくなり，ストレスを生じやすい。そのため不適切な養育となり，子どもの発達に影響を与える（Shaffer, H. R., 1998）[12]。産後の母親の鬱が乳児の育ちに影響を与えることは広く知られている。また，障害（聴覚・視覚障害，知的能力障害や発達障害など）を抱えていると，保護者を含め周りがストレスを抱えやすくなる。

さらに，育児の基盤となる日常生活が不安定であると，保護者の気持ちも不安定になる。心身の疲労状況，経済状況，利便性，ワークライフ・バランス，地域との交流など，日常生活が順調で，育児する上で負担や障害になることがないかどうかが重要な条件となる[13]。

3）保護者の家族状況

家族関係も保護者の心理に影響する。特に，夫婦関係と夫の子育てへの理解や協力の程度は大きく影響する。夫の協力があると，育児の拘束感や当惑感が軽減され，親や友人から情報を得たり地域活動に参加したりすることにも積極的になることができる。また，子ども数が1人の場合当惑感が強いのに対し，2人以上になると煩わしさといった拘束感が高くなる。しかし，4人以降になると，3人以下の時に比べ，当惑感も拘束感も低下していくが，疲労感が高くなる。さらに，祖父母が同居している場合，援助が得られて助かる半面，育児に関する考え方の違いがストレスを高める。しかし，スープの冷めない距離に親がいてくれると，育児ストレスは低下する[14]。

近年，離婚が増加し，母子家庭や父子家庭が増えつつある。一人親家庭の場合，育児をする保護者の実働的負担が大きくなる。その一方で，家族内の人間関係の軋轢が少ない分，やりやすい面もある。寺見ら（2006）[15]の調査では，

一人親はストレスはあまりないと答えた人が多かった。しかし，育児ストレスがないというのはどういうことなのか，一人親のニーズと援助を考える必要があろう。

4）育児サポートとネットワークづくり

子育てへの援助者の有無は，保護者の心理的負担感やかかわりにおける心理的ゆとりに影響する。すでに触れたように，最も必要なのは夫の理解と協力である。また，祖父母のサポートや同じような子どもをもつ友人の存在も大きい。地域との関係についても，立ち話のできる人がいるとか，同じように子育てしている仲間があるとか，身近に気持ちを共有したり，情報を得たりすることのできる人がいるかどうかも大切である。

育児ストレスは保護者の状態によって異なるが，その軽減にソーシャルサポートの効用は大きい。一般に，ソーシャルサポートを多くもっている人ほどストレスが少ない。しかし，多すぎるとかえってストレスを高め，少なすぎると増大させる。程よいサポートが精神的健康には望ましい（松田，2002）[16]。

(5) 親になるプロセスへの支援—「子育ては共育ち」

子どもを産めば，それで親になれるわけではない。今日のように子育てしにくい社会的状況では，子育てへの不安感から子どもへのかかわりがうまくできず，親としての自信や**自己肯定感**を喪失しやすい。子育てへの援助や情報・技術の提供に加え，親としての**養育力**や**自己アイデンティティ**の形成を促す援助が必要である。親として自信をもち，子どもをもって生きることをエンカレッジする支援である。子どもが育つことは保護者も育つことである。保護者への対応や支援において，親としての学習や **QOL（Quality of Life；生活の質）** の向上を図るプログラム（例えばノーバディーズ・パーフェクト）[17] などに参加できる機会をもつことも有効であろう。

また，これまで述べてきたように，子どもの状態，保護者の健康状態や生活状況，家族関係や地域関係，育児サポート体制など，育児の現状を振り返り，保護者自身の葛藤やストレスを緩和するために，自己開示できる場や機会を設

けることも一つである。保護者同士の関係づくりができる育児サークルやリフレッシュ講座，預かり保育なども充実させ，それぞれの保護者のニーズに沿った援助をしていくことが望まれる。

3．子どもの状態に合わせた保護者支援

(1) 育ちに気がかりさのある子どもと保護者の支援

　育児における保護者の不適切なかかわり（マルトリートメントという）は，子どもの育ちを不安定なものにする。子どもの世話やかかわりの放棄，しつけの過剰な厳しさやルーズさ，身体的暴力など，**子どもへの虐待**が，子どもの心身の発達に大きく影響することはよく知られた事実である。虐待とまでいかなくとも，保護者の不安定なかかわりは，子どもの育ちに気がかりさをもたらす場合がある。生活習慣が形成されていない，注意散漫でうろうろした行動をとる，集中力に欠ける，自分勝手な行動が多い，気に入らないとすねる，暴言を吐く，人を噛む，叩く，身体の動きがぎこちないなど，問題ではないがこのままでよいとは思われない子どもの姿が近年増えつつある（伊藤ら，2001）[18]。その姿には，コミュニケーション力や自己表現力，自己統制力，人への信頼感や親密性が乏しく，**自己存在感の希薄さ**が感じられる。

　多くの場合，保護者と子どもとの**受容関係・愛着関係**と**基本的信頼感**の形成に課題がある。生活リズムを整えることや子どもとのスキンシップを通した一対一の関係づくり，行動のモデルを示すこと，子どもの今の気持ちを受けとめ感情処理の仕方を知らせることなど，子ども自身に受容感と肯定感，信頼感をもたせるかかわりと援助が求められる。集団の場でも，保育者との一対一の関係を通して信頼感と愛着関係をつくる，安心して過ごせる場所をつくる，好きなもので満足するまで遊ぶ，好きな友達ができ，その子となら一緒に行動できる，好きな子とともに集団とつながるなど，友達関係を通して行動の改善を図っていくことが望まれる（寺見，2008）[19]。

（2）障害のある子どもと保護者の心理と支援

　先天的障害や分娩障害，あるいは極低出生体重児などのハイリスクを抱えた子どもや発達障害の子どもの場合には，その障害やリスクの状態に応じた医療的ケアや療育が必要になる。その対応は子どもの状態によって一様ではない。医療機関で診断を受ける場合もあれば，専門機関や療育施設等で受ける場合もある。多くの保護者は，我が子の障害を受け入れられず，納得できるまで，いろいろなところを渡り歩く。その中で自分が信頼できる機関（見出せない場合もあるが）で指導を受けながら，我が子に適切な**療育プログラム**の検討を始めると同時に，療育施設に通園するか，保育所・幼稚園などで統合保育を受けるか，あるいは両方を利用するか，その後の対応も考える。しかし，公的な援助を受けるには，障害を証明してもらうために様々な手続きが必要になる。その申請に際しても保護者の気持ちは大きく揺らぐ。証明を受けることで我が子に障害児の烙印を捺されるのが辛いからである。しかし，中には，障害かどうかわからないまま曖昧に不安を抱えていくより，療育手帳をもらうことで周りからの理解や適切な対応を受けるほうが安心だという保護者もある。

　いずれにしても，障害の状況が十分把握できず，その障害も受容しきれないまま，我が子の世話をしながら問題を処理していかなければならない。その保護者の心労は測り知れないものである。就園・就学についても，その道がすでに開かれているわけでもなく，我が子の状態に応じたところを探し，受け入れが可能かどうか交渉しなければならない。その際，どの程度のケアと援助が園で得られるかということも確認する必要がある。こうしたことは，行政や福祉機関でも相談できるが，子どもの状態で条件が異なるため十分に対応してもらえるとは限らない。すべては保護者の手に委ねられることが多く，十分な情報もない中で大変な苦労をする[20]。

　ドロターら（Drotar, D. et al., 1975）[21]によれば，保護者が子どもの障害を受け入れるまでに，①ショックで混乱する（衝撃の段階），②我が子の障害を否定し認めない（否定の段階），③悲しみと怒りを子どもや自分自身にも向け嘆き悲しむ（怒りと悲しみの段階），④子どもの障害を受け入れ，現実的に対応

しようとする（適応の段階），⑤子どもをしっかり受け入れ，種々の問題に適切に対処できる（再起の段階），というプロセスがみられる。中には，こうした過程を経なくとも，障害のある我が子に愛おしさを感じ，すぐにすべてを受け入れていこうとする保護者もある。しかし，多くの保護者は，予期せぬ出来事を乗り越え，そこに新たな意味を見出していくまで長い時間がかかる。立ち直ったとしても，成長の様々な節目で「この障害さえなければ…」と悲哀が再燃することもあり，悲しみに終わりはない。

（3）保護者へのかかわりとその基本

そうした保護者の気持ちをねぎらいながら共感し，受けとめて心の安定を図るかかわりがまず大切である（**情緒的サポート**）。また，その悲しみや怒りを吐き出せる場も必要である（**実体的サポート**）。そうした場で，子どもの育ちに関する情報や療育法に関する知識等も得られる（**道具的サポート**）。

そのかかわりの基本は，保護者の悩みをじっくり聞き，本音で語れる信頼関係をつくることである。専門家によるカウンセリングや両親教室，親の会など，多様なプログラムを準備あるいは紹介し，それぞれの場面で一貫したかかわりができるように連携を取っていくことが望まれる。こうした中で，自分を語り，他者の語りを聞き，辛いのは自分だけではないことを実感して立ち直っていくことができる。語りによる**ナラティブ・セラピー**である（Gargen & McNamee, 1997）[22]。

また，同じ境遇にある保護者同士の出会いは視点転換を図る機会になる。当事者同士のかかわりが相互の自己変容を促し，**ピア・カウンセリング**の効果が生まれる。自分の現実を「ありのまま」語り，また周りの人がそれを「ありのまま」聞き入れることを通して，自分の「いま」に揺らぎが生じ，新たな解釈と認識が生まれる。一緒に場と感情を共有し合う中で，それぞれが自己変容していく。

障害のある子どもをもつ保護者の理解と支援には，こうしたウェルビーイングをつくっていく過程がとても重要である。「子どもの成長が喜べない，つれ

て歩けない（子どもの存在の否定）」「外に出て歩けない（自己否定）」という非受容感が，「がんばってるね（承認）」という夫の言葉や「こんな子どもをもって幸せだよ（新たな解釈）」という専門家の一言で，なんとかやっていこうとする気持ちになり（自己受容），「これでいいんだ（自己肯定）」と，子どもを受容し，自分を受容して「いま」を生きる**自己信頼感**が生まれる[23]。

このように，保護者支援における最も重要な視点は，本音を受けとめた情緒的サポートである（Cohen, S. & Thomas, A. W., 1985）[24]。受容的，共感的かかわりの中で自分を語り，聞いてもらうことを通して，「わかってもらえた」「自分のしていることには意味がある」「自分はみんなから愛されている」という実感が，**自己受容感・肯定感**を高める。そして，自分の現実が新たな視点から再構成される。また，子どもの療育に関する知識や就園・就学に関する情報を交換し合う場にもなり，次に向かう方向性を見出すことができる。

4．保護者との協力関係の構築

(1) 信頼関係とパートナーシップ

保護者と親密な関係をもつことは，子どもの順調な育ちを促していく上で重要である。今日のように，子育てや子どもの育ちに様々な課題を抱えやすい状況では，保育者も支援者も子どもを育てるパートナーとして保護者とパートナーシップをつくり，ともに子どもを見つめ一緒に育てていく意識と**カウンセリングマインド**をもった対応が求められる。それは，「教え―教えられる」関係ではなく，お互いが子どもの養育者として育ち合う関係をつくることである。

(2) 親育ちの支援とサポート・ネットワークづくり

保育所・幼稚園などでは，登降園の際，保育での子どもの様子を伝え，育ちを共有しながら保護者の「いま」の思いや気持ちを受けとめていくかかわりが大切である。保護者との何気ない会話を通して親密感をつくるよう心がけることが信頼関係づくりにつながる。また，行事，保育参観や保育参加などを通し

て，自分の子どもと一緒に他の子どもの様子や，保育者のかかわりの様子（モデル）をみる機会をつくったり，保護者会や懇談会で子どもの育ちに関する情報や育ちに応じた家庭でのかかわりあるいは環境づくりについて話し合う場をもったりすることで関係を深めることができる。また，保護者や子どもの状況によっては，他の専門機関を紹介したり地域の人材とのつながりをつくったりしてサポートする場合もある。地域には，子育て学習支援や子育て支援活動を展開している保育所・幼稚園などや児童館，保健センター，ファミリーサポートセンターなどがある。保護者のニーズにそった援助ができるように，そうした施設や機関と連携し，保護者へのサポート体制とネットワーキングできる関係づくりが課題である。

　それには，それらをつなぐコーディネーターの存在が必要である。それぞれの施設や機関が，支援を展開していく中で支援の拠点としての役割も意識し，他の施設や機関との連携を積極的に進めていくことが求められる。民生委員や主任児童委員，専門機関でなく，個人的に様々な臨床活動を地域展開している臨床心理士や臨床発達心理士のような専門家もいる。そうした人材とのつながりをつくり，ネットワークを構築することで支援の質を高めることができる。

（3）「みんなで育てる」意識の共有

　このように，保護者の信頼関係を深め，保護者同士あるいは地域との関係づくりをしながら子どもを育てるネットワークとしての人間関係を構築するには，援助する側の保育者同士，支援者同士も連携し，「みんなで育てる」意識を共有していく必要がある。ことに，課題や障害を抱える子どもの受け入れと保育・療育における保護者との連携は不可欠である。保育・療育の場は集団生活であり，その子どもと保護者だけでなく集う親子みんなが育ち合う場である。集団の中でのそれぞれの子どもの育ちを見据えた環境づくりとともに，これからの育ちの方向性を考えた生活や望ましい経験や活動を考えていかなければならない。また，周りの子どもや保護者からの理解と協力も得て，保護者同士の連携を図ることも重要なことである。

ある保護者は，保育所に入所後，保育者に申し出て保護者会の席で自分の子どもの話をし，理解を求めたそうである。我が子の障害をみんなの前で話すことは勇気がいるが，他の保護者は真剣に聞き入り，「ここまでよくがんばってこられましたね」と一緒に涙してくれたそうである。子どもを育てる保護者の思いは，障害の有無に関係なく同じである。その気持ちが共感を呼んだのであろう。その後,クラスの保護者の協力態勢が強化されたことは言うまでもない。それぞれの子どもの育ちは個性的なものである。その子育てもそれぞれである。それぞれの個別のニーズに応じた保育や支援を提供するために，子どもと保護者を取り巻く人々のつながりや連携を深めていきたいものである。

■引用文献
1) 寺見陽子：神戸親和女子大学自主子育てサークル「グリーングラス」フィールドノーツ　未発表，2001（この事例は，本人の許可を得て掲載した。なお，プライバシー保護のため，事実をゆがめない範囲で修正を行っている）
2) 寺見陽子：育ちに気がかりのある子どもと親の会「JAM」フィールド・ノーツ　未発表，2002（この事例は，本人の許可を得て掲載した。なお，プライバシー保護のため，事実をゆがめない範囲で修正を行っている）
3) 前掲2）
4) 田中昭夫：「幼児を保育する母親の育児不安に関する研究」，乳幼児教育学研究第6号，pp.57-64，1997
5) 輿石薫：育児不安の発生機序と対処方略，風間書房，2002
6) 大日向雅美：「育児不安」，こころの科学，NO.103／5，2002
7) Blesky, K.：Determinants of Parenting：A Process Model, *Child Development*, 55，pp.83-96，1984
8) 寺見陽子・南憲治：「母親の育児日常生活ストレスに関する研究（2）―母親の愛着とソーシャルサポートとの関連―」，日本教育心理学会第45回総会発表論文集，p.341，2003a

　　寺見陽子・南憲治：「母親の育児日常生活ストレスに関する研究（3）―母親の属性と育児・生活ストレスとの関連についての検討―」，日本応用心理学会第70回大会発表論文集，p.74，2003b

南憲治・寺見陽子:「母親の育児・生活ストレスに関する研究(1)―ストレス関連要因の検討―」,日本教育心理学会第45回総会発表論文集,p.340,2003a

南憲治・寺見陽子:「母親の育児日常生活ストレスに関する研究(4)―母親の成育歴及び愛着と育児ストレスとの関連についての検討―」,日本応用心理学会第70回大会発表論文集,p.75,2003b

9) 寺見陽子・南憲治:「母親の育児ストレスの背景とソーシャル・サポートとの関連に関する研究(1)―育児不安の構造と母親の愛着特性および母親の成育歴との関連について―」,日本発達心理学会第17回大会発表論文集,p.344,2006a

寺見陽子・南憲治:「母親の育児ストレスの背景とソーシャル・サポートとの関連に関する研究(2)―母親の属性及び生活状況との関連について―」,日本発達心理学会第17回大会発表論文集,p.345,2006b

寺見陽子・南憲治:「母親の育児ストレスの背景とソーシャル・サポートとの関連に関する研究(3)―母親の育児ストレスとライフ・ヒストリーとの関連について」,日本教育心理学会第48回総会発表論文集,p.667,2006c

寺見陽子・南憲治:「母親の育児ストレスの背景とソーシャル・サポートとの関連に関する研究(4)―育児ストレスの関連要因の構造分析―」,日本教育心理学会第48回総会発表論文集,p.670,2006d

寺見陽子・南憲治:「母親の育児ストレスの規定要因―母親の成育歴ならびに愛着特性との関連―」,日本発達心理学会第18回大会発表論文集,p.327,2007a

寺見陽子・南憲治:「母親の育児ストレスの背景とソーシャル・サポートの関連に関する研究(5)―母親の自分の親との関係及び育児サポートの関連について―」,日本教育心理学会第49回総会論文集,p.213,2007b

寺見陽子・南憲治:「母親の育児ストレスの背景とソーシャル・サポートの関連に関する研究(6)―育児ストレス関連要因の構造分析―」,日本教育心理学会第49回総会論文集,p.214,2007c

10) 水野里恵:「乳児期の子どもの気質・母親の分離不安と後の育児ストレスとの関連:第一子を対象にした乳幼児期の縦断的研究」,発達心理学研究,vol. 9-1,56-65,1998

11) 前掲9)

12) Shaffer, H. R.: Making Decisions About Children, Backwell Publishers, 1998(無藤隆・佐藤恵理子訳:子どもの養育に心理学がいえること―発達と家族環境,新曜社,2001)

13) 前掲8)

14) 前掲9）
15) 寺見陽子・大阪市阿倍野区：阿倍野区子育てアンケート調査報告書，大阪市阿倍野区，2006
16) 松田茂樹：「インフォーマルネットワークの再評価」（加藤寛・丸尾直美編：福祉ミックスの設計），有斐閣，2002
17) ジャニス・ウッド・キャタノ，幾島幸子訳：完璧な親なんていない！ Nobody's Perfect，ひとなる書房，2002
    ジャニス・ウッド・キャタノ，杉田真ほか訳：親教育プログラムのすすめ方 Nobody's Perfect，ひとなる書房，2002
18) 伊藤祐子・別府悦子・西垣吉之・岡田泰子：「幼児の心の理解をすすめる保育者養成のあり方について―幼稚園・保育所（園）における指導上「気になる子ども」に関する調査」，日本学術振興財団助成研究，2001
19) 寺見陽子：「一人ひとりに寄り添う―個の理解と援助―」，（寺見陽子・西垣吉之編：乳幼児保育の理論と実際），ミネルヴァ書房，2008
20) 前掲2）
21) Drotor, D. et al：The adaptation of parents to the birth of infant with a congenital malformation：A hypothetical model. *Pediatrics* 56(5), pp.710-717, 1975
22) マクナミー，S. & ガーゲン，K. J.：ナラティブ・セラピー―社会構成主義の実践―，金剛出版，1997
23) 寺見陽子：「現代社会における子育ち・親育ちの課題と子育て支援の展望―子育て支援におけるスーパービジョンとコンサルテーション」，神戸親和女子大学児童教育学研究第6号，pp.47-63, 2001
24) Cohen, S. & Thomas, A. W.：Stress, Social Support, and the Buffering Hypothesis. *Pychological Bulletin*, 98：310-357, 1985

第Ⅲ部　連携と協力による支援

第12章
小学校との接続と連携

1. 小学校における特別支援教育の現状

　幼稚園・保育所などの段階で発達障害とみなされる幼児は小学校に入学すると**特別支援教育**という枠組みの中で教育的支援を受ける。特別支援教育は，幼児期から適用される教育支援ではあるが，現状では，学校段階になって本格的に支援が実施されている。そこで本章では，まず，学校段階での特別支援教育とはどのようなものか，現状と問題点は何かを述べていく。

(1) 特別支援教育とは
　これまで，障害児教育は，小・中学校における特殊学級（心障学級）や通常学級による指導，盲・聾・養護学校といった，障害の種類や程度で教育の場を分けていた。文部科学省は，この障害児教育を特別支援教育に大きく転換し，小・中学校には特別支援教室を設置，必要に応じて通級することとし，また盲・聾・養護学校の枠をはずして**特別支援学校**に転換することを決めた。特別支援教育の在り方に関する調査研究協力者会議が，2003（平成15）年にまとめた「今後の特別支援教育の在り方について（最終報告）」では，「特別支援教育とは，従来の特殊教育の対象者だけでなく，学習障害（LD），ADHD，高機能自閉症を含めて障害のある児童生徒の自立や社会参加に向けて，その一人一人の教育的ニーズを把握して，その持てる力を高め，生活や学習上の困難を改善又は克服するために，適切な教育や指導を通じて必要な支援を行うものである」と示

されている。

この答申を受けて，文部科学省は，2004（平成16）年から全国の小・中学校で特別支援教育のモデル事業を開始した。これは，通常（普通）学級に在籍するADHDや学習障害（当時の名称。DSM-5では限局性学習症/限局性学習障害），高機能自閉症（当時の名称。DSM-5では認知の発達に明らかな遅れがない自閉スペクトラム症）などの軽度の発達障害児が急増したため，適切な教育体制を充実させようとするものである。

さらに，2005（平成17）年には，発達障害者支援法の施行も踏まえて，厚生労働省との連携を強化し，乳幼児期から就労に至るまでの一貫した支援体制の整備を図るため，事業対象を幼稚園および高等学校へ拡大した。

2007（平成19）年4月からは，「特別支援教育」が学校教育法に位置づけられ，すべての学校において，障害のある幼児児童生徒の支援をさらに充実していくこととなった。

（2）特別支援教育の理念

2007（平成19）年の文部科学省通知の中では，幼児も対象にしながら特別支援教育の理念をつぎのように述べている。

「特別支援教育は，障害のある幼児児童生徒の自立や社会参加に向けた主体的な取組を支援するという視点に立ち，幼児児童生徒一人一人の教育的ニーズを把握し，その持てる力を高め，生活や学習上の困難を改善又は克服するため，適切な指導及び必要な支援を行うものである。

また，特別支援教育は，これまでの特別支援教育の対象の障害だけでなく，知的な遅れのない発達障害も含めて，特別な支援を必要とする幼児児童生徒が在籍するすべての学校において実施されるものである。

さらに，特別支援教育は，障害のある幼児児童生徒への教育にとどまらず，障害の有無やその他の個々の違いを認識しつつ様々な人々が生き生きと活躍できる共生社会の形成の基礎となるものであり，我が国の現在及び将来の社会にとって重要な意味を持っている」（文部科学省，2007）[1]。

（3）特別支援教育を行うための体制の整備および必要な取り組み

　文部科学省は，特別支援教育を実施するために，各都道府県教員委員会および各学校において以下の体制整備および取り組みを行うように通達を出している。通達内容の概要は以下のようである[1)2)]。

① 教育委員会における専門家チームの設置および巡回相談の実施

　　専門的な意見等を小学校等に提示する**専門家チーム**を設置すること，また，小学校等を巡回して教員等に指導内容や方法に関する指導や助言を行う**巡回相談**を実施すること。

② 校内委員会の設置

　　校長のリーダーシップの下，全校的な支援体制を確立し，発達障害を含む障害のある幼児児童生徒の実態把握や支援方策の検討等を行うため，校内に特別支援教育に関する委員会を設置すること。

　　委員会は，校長，教頭，特別支援学級教員，養護教諭，学級担任，学年主任などで構成される。

③ 実態把握

　　特別な支援を必要とする児童生徒の存在や状態を確かめ，実態把握をすること。これは，保護者と連携して学校や家庭で必要な支援や配慮について検討する。

④ 特別支援教育コーディネーターの指名

　　校長は，特別支援教育のコーディネーター的な役割を担う教員を「**特別支援教育コーディネーター**」として指名し，校務分掌に明確に位置づけること。

⑤「個別の指導計画」および「個別の教育支援計画」[*1]の作成

　　小学校等においては，必要に応じ，児童生徒一人一人のニーズに応じた指導目標や内容，方法等を示した「**個別の指導計画**」および「**個別の教育支援計画**」の作成を進めること。

⑥ 教員の専門性の向上

　　各学校では，校内での研修を実施したり，教員を校外での研修に参加さ

せたりすることにより専門性の向上に努めること。
　　教育委員会等が主催する研修等の実施に当たっては，国・私立学校関係者や保育所関係者も受講できるようにすることが望ましい。

(4) 2007（平成19）年度の特別支援教育体制推進事業

　文部科学省は，2007（平成19）年度においては，これまでの事業内容に加え，障害のある児童生徒に対する支援体制の一層の充実を図るために，**学生支援員を活用した支援を行うこと**と，一般の教員に対する研修の実施を推進することにより，特別支援教育の理解・啓発を進め，通常の授業における支援の一層の充実を図るとしている（図12-1参照）[3]。

(5) 特別支援教育体制推進状況

　2007（平成19）年の改正学校教育法の施行を踏まえ，特別支援教育を推進するための体制整備は，年々進んできた。最も立ち遅れていた個別の教育支援計画も小学校では，70％以上の学校が作成するようになった（図12-2）。個別の指導計画や巡回相談も小学校では80％以上が実施されるようになった。しかしながら，通常学級での「気になる」子どもの指導は，担任の力によるところが大きく，担任が苦戦している学級も少なくない。

---

*1　個別の教育支援計画とは，障害のある幼児児童生徒の一人ひとりのニーズを正確に把握し，教育の視点から適切に対応していくという考えの下，長期的な視点で乳幼児期から学校卒業後までを通じて一貫して的確な支援を行うことを目的として策定されるもので，教育のみならず，福祉，医療，労働等の様々な側面からの取り組みを含め関係機関，関係部局の密接な連携協力を確保することが不可欠であり，教育的支援を行うに当たり同計画を活用することが意図されている。なお，「新障害者プラン」（障害者基本計画の重点施策実施5か年計画）の中では，盲・聾・養護学校において「個別の支援計画」を2005（平成17）年度までに策定することとされている。この「個別の支援計画」と「個別の教育支援計画」の関係については，「個別の支援計画」を関係機関等が連携協力して策定するときに，学校や教育委員会などの教育機関等が中心になる場合に，「個別の教育支援計画」と呼称しているもので，概念としては同じものである。

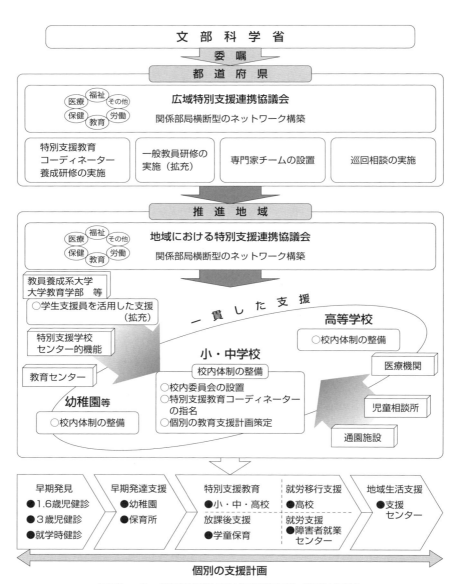

図 12 − 1　特別支援教育体制推進事業（2007 年度）
（文部科学省資料より作成）

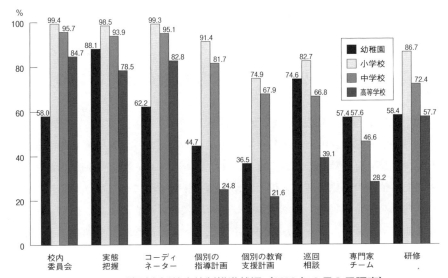

図 12 − 2　特別支援教育体制推進状況（2013 年 9 月 1 日調査）
（文部科学省「平成 25 年度特別支援教育に関する調査の結果について」）

（6）小学校における特別支援教育の今後の課題

　前述したように，小学校における特別支援教育の体制は，コーディネーターを配置するなど，かたちの上では整いつつあると言えよう。また，教師も発達障害の児童生徒を支援しなくてはならないという認識ももってきている。しかし，「個別の指導計画」を作成するとなると，現場の教師は支援の目標や方法の立案に苦慮しているのが現状である。

　「個別の指導計画」を立てるには，担任だけの考えによるのでなく，保護者と協力して，家庭での子どもの状況の把握をすることや他の教師からの情報を収集することも必要である。そして，支援においても家庭や他の教師やコーディネーターとの連携が必要になる。

　こうした状況をみると，今後，小学校での特別支援教育が充実，発展していくためには，研修の機会などを増やして，教師の特別支援教育に関する専門性の向上を図るとともに，担任教師が児童生徒の支援をしやすくするために，学

校内での体制づくりの強化, さらに専門機関や保護者との連携の強化が望まれる。

2. 幼稚園・保育所等と小学校との連携のあり方

(1) 発達障害早期総合支援モデル事業

文部科学省は, 2007 (平成19) 年に新規事業として「**発達障害早期総合支援モデル事業**」を予算化した。これは, 教育委員会および教育関係機関が, 医療, 保健, 福祉等の関係機関と連携し, 幼稚園や保育所等における早期発見の方法の開発や, 発達障害のある幼児およびその保護者に対する相談, 指導, 助言等の早期支援を行い, もって幼稚園や小学校等への円滑な移行を図ることができるよう, 早期からの総合的な支援の在り方について実践的な研究を実施することを目的としている。

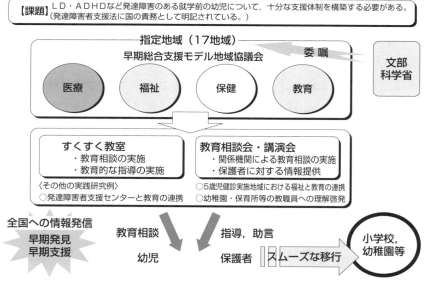

図12-3　発達障害早期総合支援モデル事業
（文部科学省資料より）

そして，具体的には図12-3にあるように，①全国のモデル地域を指定し，各指定地域内に，教育，医療，保健，福祉等の関係者からなる「早期総合支援モデル地域協議会」を設置して，自治体内で総合的に推進する体制づくりを行うこと，②指定地域内の幼稚園や保育所等における健康診断や，就学時健診等におけるスクリーニングの方法の工夫など，早期発見について実践的に研究すること，③早期発見された幼児およびその保護者に対して教育相談を実施したり，学校，教育センター等に「すくすく教室」などの相談・指導教室を開設し指導・助言を行うなどして，早期支援について実践的に研究することをかかげている。この事業は，発達障害児を早期発見して小学校にスムーズに移行できるようにという趣旨のものである[3]。

(2) 移行支援の難しさ

発達障害児の我が子が就学となると，通常学級が適切なのか，特別支援学級が適切なのか，または特別支援学校が適切なのかと複数の選択肢の中から，子どもが通う場を保護者は決定しなくてはならない。こうした選択を迫られたとき，大方の保護者は，学校に関する情報を多くもっていないため，悩む結果になってしまう。ことに，通常学級への通学を希望した場合，教師は特別支援教育に理解があるのか，障害を公表したことで教師に先入観をもたれるのではないか，多人数のクラスの中で必要な支援がなされるのかなど多くの疑問と不安を抱える。

障害児の保護者が就学に関して相談したいとき，入学前に教育委員会に就学相談を受けに行く，あるいは就学時健診の際に学校に相談することもできる。しかし，教育委員会の就学相談の担当者あるいは健診の担当教師は日常の子どもの集団生活の状態をみていない上，保護者の日頃の相談に継続的にのっていない。そのため，教育委員会や学校と保護者の間で就学問題をめぐってトラブルを起こす例もある。

なぜ，幼稚園・保育所等から小学校へ移行する際に，トラブルが起こりやすいのだろうか。それは，①保護者への地域の学校に関する説明や就学に関する

相談が相談機関で十分されていないこと，②保育者と教育者間の連携が十分行われてこなかったことにより，お互いに幼稚園や保育所等あるいは学校に関する情報をもっていないため，保育の場と教育の場の共通性や違いを保育者あるいは教師が説明できていないこと，③幼稚園・保育所等から小学校への就学児に関する情報伝達が保護者の理解のもとに十分行われていないことなどが原因していると考えられる。

　こうしたトラブルを避けるには，長年子どもの成長をみてきた幼稚園・保育所等の保育者の説明や意見が，就学時あるいは小学校での指導に反映されるようなシステムができている必要がある。

　もちろん，学校への子どもの情報伝達は，個人情報保護の問題があるので保護者の了解のもとに慎重に行われなければならない。

　情報伝達する方法は，①市町村で組織する幼保小連絡協議会において小学校，幼稚園・保育所等の職員が協議する中で情報交換をする，②幼稚園・保育所等の職員が，対象幼児が入学予定の小学校に出向いていって情報を伝える，③幼稚園・保育所等から文書で申し送りをする，④教育委員会を通じて小学校に情報を伝達する，⑤小学校の教師が地域の幼稚園・保育所等を見学して情報収集するなどの方法があるが，現実には⑤の小学校教師が幼稚園・保育所等に出向いてくることは少ない。

（3）幼保小連携に何が必要か

　幼保小連携を図るには何が必要となるであろうか。第一に，就学に向けて，小学校での子どもの発達を見据えながら，幼稚園・保育所等でできる子どもの保育を考え遂行すること，第二に，常に子どもの成長を見守る立場にある保護者との連携を図ること，第三に，小学校との連携システムづくりがある。

　一例をあげると，鳥取県の幼保小連携推進協議会が幼稚園，保育所と小学校の連携推進について開催した2006（平成18）年の第1回，第2回会議では，以下のような案が示された（鳥取県改革―自立推進本部，2006)[4]。

　（幼保小連携に何が必要か）

○ 幼保と小学校が共通した子ども像をもつ
○ 基本的な生活習慣の定着と保護者の啓発は，幼保小が同じ課題としてもつ
○ 保護者との連携を図る
○ 就学前の保護者が相談できるシステムをつくる
○ 幼稚園，保育所，学校と家庭での取り組みが必要
○ 遊びを通しての学びを小学校の学びへつなぐ
ことに，連携づくりについて関しては，次のことをあげている。
○ 小学校と幼稚園，保育所の人事交流
○ 小学校教員の保育参観（参加）
○ 障害のある子どもについての十分な接続
○ 気になる子どもの専門機関との保護者のつなぎ
○ 小学校の教室環境の見直し

3．小学校との連携の実際―実践例から

　小学校との連携の実際について，A幼稚園の実践例をあげてみてみよう。A幼稚園はB市の公立幼稚園である。園長は，元学校長経験者。発達障害の幼児も多く在籍しており，県の特別支援教育体制推進事業のモデル園にもなっている。したがって，特別支援教育コーディネーターも配置し，県の特別支援教育巡回指導を受けたり，地域の特別支援学校の職員に相談にのってもらったりしている。また，園外での特別支援教育に関連する地域の研修会へ保育者が自主的に参加したり，園内での保育者の特別支援教育に関する研修も行っている。在園児の保護者に向けても障害の理解を含めた子育てに関する講演会も実施している。
　A幼稚園では，発達障害幼児が卒園すると，市の教育委員会に働きかけ，保護者の了解を得た後に，小学校へ卒園生の授業風景を見に行っている。そこで小学校の校長や特別支援教育コーディネーター，担任教師と情報交換をして支

援の手立てについて話し合ってくる。また，学校での観察結果を園に持ち帰り，ときには特別支援教育の巡回相談員も交えながら，小学校との環境の差を埋めるために幼稚園の年長時期になにかできることはないか協議をしている。

このほかの取り組みとして，最も園児が多く入学する小学校に園児を連れていって交流学習を行い，幼稚園児の実態や保育の様子を小学校教師にも体感してもらうようにしている。

さらに卒園児の保護者に対し，気軽に幼稚園に相談に来られるように，子どもが在園しているときから保護者に働きかけ，卒園児保護者相談の機会を設けている。

4．長期的発達支援と仲間づくりを目指して

先の事例のように，幼稚園，教育委員会，小学校，保護者，専門機関とが連携し合いながら子どもを支援していくことによって，幼稚園・保育所等から小学校への**移行支援**はスムーズに行える。

これは，大人がどう本人を支援するかという問題であるが，本人の問題もさることながら，共に育ち合う子どもたちや共に育ち合う保護者がいることで障害がある子どもが安定した幼稚園・保育所等の生活が送れることも忘れてはならない。環境が安定していてこそ本人も安定していけるのである。また，小学校への移行の際に，本人と共に育ち，理解していてくれる友達とその保護者が同校にいれば，それも大きな支えになる。

このような環境を育てる必要性に加えて，さらに留意したい点がある。それは幼稚園・保育所等での保育は子どもの生涯発達の一部を担っているということを認識することである。つまり，幼稚園や保育所等にいる期間だけのことを考えて保育するのでなく，小学校に子どもが入学してから，さらには中学校，高校，大学への入学，就労と，将来のことを考えて保育していく必要があるということである。幼児期は子どもの発達の基礎を培う時期である。障害児保育においてもそれは同じであり，幼児期に基礎をしっかり身につけることで子ど

第 12 章　小学校との接続と連携　　179

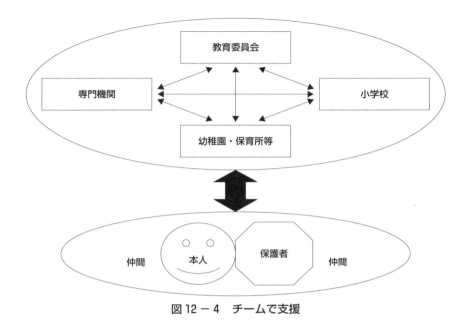

図 12 − 4　チームで支援

も次のステップへ移行するための力を養うことができるのである。そのためにそれぞれの幼稚園・保育所等でどのような保育ができるのか，日々検討していくことが望まれている。

■引用文献
1）文部科学省：「特別支援教育の推進について」（通知），2007
2）文部科学省：「発達障害のある児童生徒等への支援について」（通知），2005
3）文部科学省：平成 18 年度特別支援教育ネットワーク推進委員会　特別支援教育課行政説明資料，2007
4）鳥取県改革―自立推進本部：「幼保小連携推進協議会概要」http://www.pref.tottori.jp/kyouiku/syoucyu/sodati-manabi/kyougikai%20gaiyou.pdf，2006

さくいん

＊イタリック体は次頁以降数頁にわたり同一語が出現することを示す

A－Z

- ADHD …………… *32*, 64, 86
- ASD ………………… *27*
- DCD ………………… 79
- DSM-5 ……………… 25
- ICF ………………… *3*
- IQ …………………… 26
- MEPA ……………… 80
- QOL ………………… 159
- WHO ………………… *3*

あ

- 愛着 ………………… 111
- 愛着関係 …………… 160
- out-reach 型のサービス ‥ 135
- 遊び ………………… *106*

い

- 医学モデル ………… 4
- 育児ストレス ……… *155*
- 移行支援 ……… 175, 178
- 石井亮一 …………… 19
- 一次的言葉 ………… 43
- 移動運動 …………… 77
- 医療型児童発達支援センター
  ………………………… 141
- 入れ子構造 ………… 139
- インクルーシブ教育制度 ‥ 22
- インクルージョン
  ………………… *2*, 138, 149

う

- ウェルビーイング
  ……………… 57, 152, 162
- 動きのパターン …… *81*
- 運動環境 …………… 84
- 運動達成感 ………… 85

か

- 概念的領域 ………… 25
- カウンセリングマインド
  ………………………… 163
- 書き言葉 …………… 43
- 学生支援員 ………… 171
- 獲得 ………………… 5
- 学校教育法 ………… 19
- 活動制限 …………… *3*
- 狩野式運動能発達検査 ‥ 79
- カンファレンス ……… *123*

き

- 聞こえ ……………… 45
- 「気になる」子ども
  ……………… 14, 66, 73, *115*
- 機能障害 …………… *3*
- 基本的運動段階 …… 75
- 基本的信頼感 ……… 160
- 虐待 ………………… 160
- 教育基本法 ………… 15

く

- 駆動系運動 ………… 77

こ

- 構造障害 …………… *3*
- 巧緻化 ……………… 78
- 行動調整 …………… *56*
- 国際生活機能分類 … 3
- 5 歳児健診 ……… 144, *146*
- 子どもの権利条約 … 107
- 子ども病院 ………… 143
- 個別の教育支援計画
  …………………… 170, 171
- 個別の指導計画 … 170, 173
- 語用論的コミュニケーション症
  ………………………… 30
- コンサルテーション …… 137

さ

- 参加制約 …………… *3*
- 三項関係 …………… 40

し

- 自己アイデンティティ … 159
- 自己決定理論 ……… 57
- 自己肯定感 ……… 159, 163
- 自己受容感 ………… 163
- 自己信頼感 ………… 163
- 自己存在感 ………… 160

姿勢形成と保持･････････ 76
姿勢コントロール･･･････ 76
姿勢変換････････････････ 77
自他認識････････････････ 91
市町村保健センター･････143
実体的サポート･････････162
実用的領域･･････････････ 25
児童憲章････････････････ 15
児童発達支援････････････141
児童発達支援センター･･･141
児童福祉施設････････････ 16
児童福祉法･････････19, 138
自閉症スペクトラム障害･･･*27*
自閉スペクトラム症
･･････････････*27*, *52*, *70*
社会的コミュニケーション症
･････････････････････ 30
社会的領域･･････････････ 25
社会モデル･････････････ 5
就学相談・就学先決定･･･ 24
就学猶予・免除･････････ 19
主体的運動経験･････････ 81
巡回相談･･････････134, 170
巡回相談型健康診査･････147
障害児通所支援(事業)
･･･････････････････16, 141
障害者基本法････････････ 15
障害者自立支援法････････138
障害者総合支援法････････138
障害者の権利に関する条約
･･･････････････････････ 22
象徴機能の発達･････････111
情緒的サポート･････162, 163
情動調整････････････････*56*
情動調律････････････････ 56

初語････････････････････ 40
助成制度････････････････ 20
初歩的運動段階･････････ 75

す・せ

スクリプト･･････････････ 38
スペクトラム････････････ 30
制御系運動･･････････････ 77
整肢療護園･･････････････ 19
生態学的環境･･･････････139
世界保健機関･･･････････ 3
先天的障害･･････････････ 36
全般的発達遅延･････････ 26
専門家チーム･･･････････170

そ

操作運動････････････････ 77
喪失････････････････････ 5
ソーシャルサポート･････159

た

ダウン症････････････････ 36
髙木憲次････････････････ 19
滝乃川学園･･････････････ 19

ち・て

知的能力障害････････････ *25*
知能検査････････････････ 27
知能指数････････････････ 26
注意欠如・多動症/多動性障害
･･･････････････････30, *32*
出前型のサービス･･･････135

と

道具的サポート･････････162

統合保育････････････････ 1
統制感･･････････････････ 57
特別支援学校････････21, 168
特別支援学校幼稚部･････ 16
特別支援教育･･･････21, *168*
特別支援教育コーディネーター
･･･････････････････････170
特別支援教育巡回支援員
･･･････････････････････135
ドロター, D.･････････････161

な

内言････････････････････ 42
内在化･･････････････････ 57
仲間関係････････････････*89*
ナラティブ・セラピー･･･162

に

二語発話････････････････ 41
二次的言葉･･････････････ 43
二分脊椎症･･････････････ 36
日本国憲法第26条･･････ 14
乳幼児健康診査･････134, 143

の

ノーバディーズ・パーフェクト
･･･････････････････････159
ノーマライゼーション
･････････････････138, 149
脳性まひ････････････････ 36

は・ひ・ふ

発達････････････････････ 5
発達検査･･････27, 58, 79, 80
発達障害者支援法･････21, 147

発達障害早期総合支援モデル
　事業 …………………… 174
発達性協調運動症／発達性協
　調運動障害 …………… 79
反射 ……………………… 75
反復喃語 ………………… 40
ピア・カウンセリング … 162
ファシリテーター ……… 137
福祉型児童発達支援センター
　………………………… 141

ほ

保育所等訪問支援 ……… 142
保育所保育指針 ……… 2, 22
放課後等デイサービス … 142

保健センター …………… 143
保護者支援 ………… 11, 152
保護者対応 ………… 11, 152

ま・む

マルトリートメント …… 160
ムーブメント ABC ……… 79
ムーブメント教育プログラム
　アセスメント ………… 80

め・も

メパ ……………………… 80
目的―手段関係 ………… 38
物の永続性 ……………… 38

よ

養育力 …………………… 159
幼児運動能力テスト …… 78
養護学校の義務制 ……… 20
幼稚園教育要領 ……… 2, 22
幼保小連携 ……………… 176

り・れ

療育 ………………… 14, 19
療育プログラム ………… 161

わ

ワークライフ・バランス
　………………………… 158

執筆者・執筆担当

〔編著者〕

本郷　一夫（ほんごう　かずお）　東北大学名誉教授　第1章, 第5章

〔著　者〕（50音順）

有川　宏幸（ありかわ　ひろゆき）	新潟大学教育学部教授	第3章
飯島　典子（いいじま　のりこ）	宮城教育大学教育学部准教授	第5章
石川由美子（いしかわ　ゆみこ）	宇都宮大学共同教育学部教授	第10章
岡村由紀子（おかむら　ゆきこ）	あおぞらキンダーガーデン園長 私立平島幼稚園園長 静岡県立大学短期大学部非常勤講師 静岡産業大学非常勤講師	第8章
金谷　京子（かなや　きょうこ）	聖学院大学心理福祉学部特任教授	第12章
澤江　幸則（さわえ　ゆきのり）	筑波大学体育系准教授	第6章
杉山　弘子（すぎやま　ひろこ）	尚絅学院大学総合人間科学部教授	第7章
柄田　毅（つかだ　たけし）	文京学院大学人間学部教授	第2章
常田　秀子（つねた　ひでこ）	和光大学現代人間学部教授	第4章
寺見　陽子（てらみ　ようこ）	神戸松蔭女子学院大学大学院文学研究科教授	第11章
森　正樹（もり　まさき）	埼玉県立大学保健医療福祉学部准教授	第9章

シードブック
障害児保育〔第3版〕

2008年（平成20年）2月1日	初版発行〜第3刷
2012年（平成24年）10月1日	第2版発行
2015年（平成27年）1月30日	第3版発行
2021年（令和3年）8月31日	第3版第3刷発行

編著者　本　郷　一　夫
発行者　筑　紫　和　男
発行所　株式会社　建帛社
　　　　KENPAKUSHA

〒112-0011　東京都文京区千石4丁目2番15号
　　　　TEL　(03) 3944-2611
　　　　FAX　(03) 3946-4377
　　　　https://www.kenpakusha.co.jp/

ISBN 978-4-7679-5029-7　C3037　　　　　　教文堂／愛千製本所
Ⓒ本郷一夫ほか，2008．2015．　　　　　　　Printed in Japan
（定価はカバーに表示してあります）

本書の複製権・翻訳権・上映権・公衆送信権等は株式会社建帛社が保有します。
JCOPY〈出版者著作権管理機構　委託出版物〉
本書の無断複製は著作権法上での例外を除き禁じられています。複製される
場合は，そのつど事前に，出版者著作権管理機構（TEL03-5244-5088，
FAX03-5244-5089，e-mail : info@jcopy.or.jp）の許諾を得て下さい。